本书为新疆大学"双一流"建设支持项目、新疆维吾尔自治区"天池英才"项目、"新疆文艺评论创新团队支持项目"研究成果

| 新时代文艺理论与文艺评论丛书 |

The Production of the "Immediacy" of Literary

CRITICISM

From Biopolitics to Outside Affect

文学批评的
"当下性" 生产

从生命政治到外部情感

丁鹏飞　著

中国社会科学出版社

图书在版编目（CIP）数据

文学批评的"当下性"生产：从生命政治到外部情感 / 丁鹏飞著. -- 北京：中国社会科学出版社，2025.4. --（新时代文艺理论与文艺评论丛书）. -- ISBN 978-7-5227-4980-8

Ⅰ. I06

中国国家版本馆 CIP 数据核字第 2025FK6800 号

出 版 人	赵剑英
选题策划	宋燕鹏
责任编辑	石志杭
责任校对	王 龙
责任印制	李寡寡

出 版	中国社会科学出版社
社 址	北京鼓楼西大街甲 158 号
邮 编	100720
网 址	http：//www. csspw. cn
发 行 部	010 - 84083685
门 市 部	010 - 84029450
经 销	新华书店及其他书店

印刷装订	北京君升印刷有限公司
版 次	2025 年 4 月第 1 版
印 次	2025 年 4 月第 1 次印刷

开 本	710×1000 1/16
印 张	13
插 页	2
字 数	172 千字
定 价	68.00 元

目　　录

导 言

从"现象"到批评：何为文学批评的"当下性"?

在面对如何阐释文学作品这一问题时，苏珊·桑塔格曾说道："阐释的这种平庸作风在文学中比在任何其他艺术门类中更为流行。几十年来文学批评家们一直在把诗歌、戏剧、小说或故事的成分转换成别的什么东西，视之为己任。有时，作家面对自己的艺术显露出来的力量太感不安，以至在作品本身之中塞进一段关于作品的清晰明确的阐释——尽管这么做时，他显得有点迟疑，显出一丝得体的反讽。"① 对于桑塔格而言，如何应对这种不安的力量，实际就是文学批评者需要承担的智性任务。由于这种不安的力量是一种感性活动，因此，阐释本身一定是对蛰伏在这一不安力量中的感受性逻辑的提取过程。

换言之，对我们而言，如果将桑塔格所思考的"不安的力量"背后案例文本的范围和边界抹除，并将其推进到从亚里士多德的《诗学》到尼采的《悲剧的诞生》，从奥尔巴赫的《摹仿论》到布鲁姆的《影响的焦虑》，从布朗肖的《无尽的谈话》到朗西埃的《词语的肉身：书写的政治》这一整体文学批评史的语境中，那么

---

① ［美］苏珊·桑塔格：《反对阐释》，程巍译，上海译文出版社 2003 年版，第 10 页。

这种令作家和批评家同时感到不安但又始终引导作家被动书写并使批评家卷入其阐释活动的力量,就是"当下性"。借用本雅明的思考就是,"批评家深入真理,真理的活火焰在已经成为过去的厚重的柴堆和已经被体验过的余烬中继续燃烧"①。故而,进一步言之,"当下性"就是批评者通过其批评活动所要维持的"活的东西"。它既是对文学本体论的一种佐证,即对从《荷马史诗》到约恩·福瑟作品中始终潜伏的鲜活之物的保存,也是文学凭借自身的计时器,对人类社会时间规制下的"日益枯竭的道德智慧"② 进行重新校准的过程,正如布朗肖所言,"作品没向我们借时间。作品的时间,由作品自己生成,就在作品中,是人类思维所创最动荡不已的时间"③。

自胡塞尔开创现象学以来,"现象"的重要性在人文学领域赢得了普遍的认同。但是从胡塞尔、海德格尔、萨特、伽达默尔再到杜夫海纳与英加登,现象学的"现象"依然被意识论、存在论和审美论所围绕。作为现象的"生命"不仅从没有进入论域的中心,而且也在现象学进入文学批评史的过程中,遮蔽了批评与生命间的真实关系。④ 生命作为一种"活的现象",并没有与本雅明所言的批评要维持的"活的东西"形成一种关联。换言之,这一关联早已有之,只是有待被显豁。⑤ 本书所要应对的,正是这一问题。实际上,

---

① [德]瓦尔特·本雅明著,陈永国、马海良编:《本雅明文选》,中国社会科学出版社1999年版,第44页。本雅明的批评思想有其具体特别的适用语境,但本雅明这里的思考可以成为批评活动何以可能的普遍公理。

② [美]乔治·斯坦纳:《语言与沉默:论语言、文学与非人道》,李小均译,上海人民出版社2013年版,第16页。

③ [法]莫里斯·布朗肖:《未来之书》,赵苓岑译,南京大学出版社2015年版,第330页。

④ 值得注意的是,米歇尔·亨利在其《显现的本质》中是第一个尝试以"生命"为核心研究对象的现象学家,参见 Michel Henry, *The Essence of Manifestation*, trans. Girard Etzkorn, Springer, 2008。

⑤ 这一点可以追溯至尼采,尼采的断片写作形式,与生命是一种转瞬即逝的"活的现象"或生命的"现象性",形成了一种对应关系。

生命作为一种有待识别的现象，最早是出现在晚近康吉莱姆的体系化和科学化的思考中。① 作为一个科学史思想家，康吉莱姆在处理这一问题时采用的是一种谱系学的方法论，并且影响了后来福柯生命政治学的治思路径。② 在福柯的生命政治学的整体思想地图中，生命是逆向出场的。也就是说，福柯绕开了形而上学传统对现象进行体系化解答的窠臼，而是通过拆除构成现象的体系化的话语模式和治理技术让生命"活力"获得自在的涌现。③ 进一步说，福柯拆解观念化生命的方法，正是通过还原观念化的历史而让不可还原的生命"现象性"④ 不断出场的过程。在福柯的思想肌理中，我们感受到了一种无所不在的醒觉中的生命形式，而它实际就是后期福柯以"外部思想"所命名的事物。⑤ 故而，福柯思想地图中潜伏的从生命政治到外部思想的学理脉络，实际启发了本书整体的批评策略。

---

①　柏格森的《创造进化论》与齐美尔的《生命直观：形而上学四论》更为强调生命的表征方式，而且也推动了这一历史进程，康吉莱姆则将重点放在了科学思维与生命思维的交集处，与后来福柯发展的生命政治学关系更为密切。

②　参见［法］皮埃尔·马舍雷《从康吉莱姆到福柯：规范的力量》，刘冰菁译，重庆大学出版社 2016 年版。

③　福柯在这一点上受到尼采重要的影响。尼采关注真理与生命间的关系，认为如果生命作为一种不可知，那么西方形而上学求真理的历史，就是使生命变得可知、可解乃至可还原。福柯整体的工作就是以一种知识考古学的方法说明：对这一真理的解答过程，也是对生命进行规范化的过程。对尼采而言，不可知是生命的积极面，生命因为自身的不可知而始终处在尚待的过程中。这一尚待让生命保持在一种取之不尽用之不竭的"状态"，也即外部性中。尼采的这一思想在发生学上实际也启动了后来巴迪欧思考的"真理程序"。同样值得注意的是，马克思主义对有关精神劳动与物质劳动的辩证法分析，实际也是对资本主义语境下生命政治的分析，只不过在马克思主义的语境中，资本、政治、生命都可以被纳入"积极的生产方式"中，有待辨析的则是其中的真值化生命形式，也即被人类共享的普遍性生命。马克思主义通过拆解资本主义的构成方式而让无法被纳入资本循环中的"活生生"的生命出场。

④　为了整体文字的流畅性，本书除了在某些运思环节再次强调外，后续不再在生命"现象性"部分标注双引号，只在导言部分对其重要性进行阐释，后续部分中的生命"现象性"，都可与导言部分进行呼应。

⑤　也因此，生命的"现象性"也是现象学始终思考的无法被说明但只能进行不间断描述的"被给予性"，这一无法耗尽的生命活动因而就与无法与其总体化的外部性关联起来。

　　本书第一编,首先处理的并不是生命是什么的问题,而是生命作为一种现象性出现的去现象性问题。受到本雅明和福柯极大影响的阿甘本,在其生命政治学中提出了"门槛"现象。一方面,"门槛"作为排斥的纳入和纳入的排斥的吊诡结构,始终是生产"神圣人"的区域。在这一区域,生命处在一种去现象性,也即去势的境地。另一方面,导致生命去现象性的"门槛"绝境,反而也展露了从合法性生命形态向自治性生命形态转变的"绝处逢生"的契机①,或借用普里莫·莱维的作品名,是一种"缓刑时刻"。在从宗教神权到近代法权的过渡期,我们借助莎士比亚笔下的理查三世,勾勒其身体形象如何参与政治意识的历史进程,并进而说明理查三世的身体意识与其生命理据性间存在的纠缠性关联。"我既被卸除了一切匀称的身段模样,欺人的造物者又骗去了我的仪容,使得我残缺不全,不等我生长成形,便把我抛进这喘息的人间。"②《理查三世》首先是借助身体无来由的陌生性对意识的冲击而显露其生命的"现象性"的③,从而引动了理查三世在寻找其生命合法性的过程中不断陷入进是出、出也是进的悲剧性门槛境地。与此同时,如奥尔巴赫所言,莎士比亚也从没有忘记在其戏剧张力中或理查三世的门槛境遇中展现其"历史透视力"④,也就是生命作为一

---

　　① 从德里达对"绝境"的思考到布朗肖的《无尽的话语》,这一思路始终处在一种潜伏状态。本书的批评思路意在使这一思路得以显豁。

　　② [英]莎士比亚:《理查三世》,载《莎士比亚全集》(第五卷),朱生豪、方重译,人民文学出版社2009年版,第457页。

　　③ 我们可以借助列维纳斯的思考简短地对此进行一下解释,列维纳斯写道:"铭于存在之中并不等于铭于世界之中。从主体通向客体、从自我通向世界、从一个瞬间通向另一个瞬间的道路并不从一个存在者在存在中被置放的位置上穿过——这个位置只能由人类自身存在所唤醒的不安定感、对一向如此熟悉的'身在此处'这一事实所产生的陌生感,以及如此不可避免、如此习以为常但又突然变得如此无法理解的对这个存在之承担的必要性来揭示。"参见[法]埃马纽埃尔·列维纳斯《从存在到存在者》,吴蕙仪译,王恒校,江苏教育出版社2006年版,第125—126页。

　　④ 参见[德]埃里希·奥尔巴赫《摹仿论》,吴麟绶、周新建等译,商务印书馆2014年版,第380页。

种临界化的变量能够反观自身处境的自治性洞察力。

莎士比亚的《理查三世》与梅尔维尔的《书记员巴特尔比》，虽然间隔遥远，却构成了现代性生命政治萌芽期与现代性生命政治激进期之间的历史对应性。如果说前者绘制的是一个因身体"畸形"而织就的生命罗网，那么后者描摹的则是一个久居办公室后突变为"怪物"的巴特尔比。正如吸引他人眼光又被他人眼光作用的仿佛自生魔力的理查三世的身体形象，在梅尔维尔笔下也同样有着如塞壬一般吸引亚哈船长和水手们的白鲸，只不过这在《书记员》中被转换为吸引经理和其他雇员的"静中有动"的"动"物巴特尔比。故而，在《理查三世》中的反常性身体与《书记员》中的无法安放于办公室的"动"物，共同占据了一种溢出性位置。这一溢出性位置，既是门槛意图捕获的位置，也是门槛得以不断"虚—构"自身悖论化的构成性部分。在《书记员》里，我们看到，这个静中有动和动中有静的动物或生命，既是德勒兹意义上无所不在的虚拟性或逃逸线，也是阿甘本意义上处在潜势中的非潜势性。它们也是生命政治"虚—构"自身从而保全自身的装置得以自运作的某种"感性材料"。因此，门槛境地实际揭示了生命虚拟性与虚构生命间真假难辨的张力关系，呼应了我们所言的生命作为一种变量本身具有的自我校准的自治性。因此，第一编的"门槛"作为一种临界现象，指向的是一种复义化的门槛概念。它既是对生命进行区隔式规训的生命政治最终生产的非此即彼且丧失所有生产力的"结果"，生命在此区域是去现象性的，也是作家莎士比亚与梅尔维尔提取令人不安的生命力量的"时机"。理查三世的悲苦性情绪、反讽与巴特尔比"我宁愿不"中的矢量化动机，都是生命的"现象性"表征。文学批评的"当下性"，指向的则是如何维持这一现象性生命的过程，尤其是将这一无法辨识的"矢量生命"[1] 接入对生命政治的批判过程中去,并同时作为一种"未来性"[2] 参与到诸多不同的社会议题中,揭示这些社会议题间彼此共享的生命形象对其社会理想具有的本体论意义上的建构性作用。

如果说本书第一编意在从莎士比亚与梅尔维尔的文本批评中,揭示从现代性生命政治萌芽期到现代性生命政治激进期之间生命"现象性"被遗忘的历史,那么本书第二编所要分析的,则是这一在生命政治装置所持续运作的在历史中被遗忘的生命"现象性"如何在 20 世纪中期的那场历史浩劫中获得幸存也即见证的过程。在第三帝国的历史浩劫中幸存下来的意大利作家普里莫·莱维(Primo Levi,1919—1987)的文学书写,正是"保存"这一生命"现象性"的历史档案,是埃德加·莫兰所言的让"档案变成动词,动词生出血肉"[3] 的写作。选取莱维作为第二编研究对象的原因,一方面在于从莎士比亚到梅尔维尔的生命政治的历史过程,始终在行使着简化生命现象性进而灭绝生命的可能,正如阿甘本分析的最终出现的让门槛作为一种不断行使区隔功能的场所"永存"下来的纳粹集中营;另一方面在于,莱维作为大屠杀作家在处理生命"现象性"时,又超出了常规意义上对大屠杀作家的定义,其书写具有一种渗透并接通人类日常社会形态和生活经验的卓越感受力与洞察力,并进而成为在生命政治语境下表征人类危机经验兼具特殊性与普遍性的经典作家。

---

① 借用米歇尔·亨利的思考,"生命是一种充满能量的信息,往往要历经艰难方能传达……"参见〔法〕米歇尔·亨利《走向生命的现象学:米歇尔·亨利访谈录》,邓刚译,东方出版中心 2023 年版,第 159 页。

② 如伍尔夫所言,批评家应当"像荒岛上的鲁滨孙那样,用手遮在眼睛上方瞻望未来,并且在迷雾之中勾勒出我们有朝一日也许可能达到的那片土地的模糊的轮廓"。参见〔英〕弗吉尼亚·伍尔夫《论小说与小说家》,瞿世镜译,上海译文出版社 2009 年版,第 315 页。

③ 〔法〕埃德加·莫兰:《方法:天然之天性》,吴鸿缈,冯学俊译,北京大学出版社 2002 年版,第 354 页。

　　总体而言,如何理解莱维不同于其他幸存者书写的这种难以评估的独特性,始终影响着莱维研究的方方面面。对莱维的研究主要与其对历史灾异的书写有关。然而,莱维之所以不同于其他幸存者的书写之处,并不断引发研究视角的扩容,实际又与其书写中对作为"复杂性现象"的生命意识及其同时引发的关乎人类命运共同体的历史意识有关。换言之,莱维所具有的这种从生命"现象性"而来的难以框定的"辐射性"文学质素,是其吸引研究者不断回归历史灾异现场的重要原因。这一点不仅跳出了纳粹大屠杀文学史的学科范式,而且也让移动在回忆录、科幻作品、虚构故事和诗歌间的莱维创作,获得了一种超类型的文学形式。如果从本源性上说,文学始终是一种幸存者文学,也即让生命的自治性获得开显的书写形式,那么莱维书写幸存的笔法,则因其所处的历史境遇,而让这一开显获得了最高强度的表征。也因为其超类型的文学特征,莱维对生命"现象性"的书写,或也可以说将处在岌岌可危境遇中的生命感受性与构筑无所不在的生命形式关联起来的书写形式,不仅和处在现代世界的人类的生活感及其因整体性消逝而带来的危机化感知息息相关[1]、与人类对生活世界的情感态度及其无所不在的迷失感环环相扣[2],也与莱维以大屠杀书写为例而将见证提升至与人类社会生活普遍性意义感的建立有关[3]。进一步言之,"幸存"和"见

────────────

[1] 阿伦特所言的"共同感"的丧失与泰勒思考的"脆化"问题与此问题域密切相关,而鲍曼的《现代性与大屠杀》实际就证明着这一相关性,本书会在相关章节对此进行阐释。参见 [美] 汉娜·阿伦特《人的境况》,王寅丽译,上海人民出版社 2009 年版,第 225 页;[加] 查尔斯·泰勒《世俗时代》,张容南、盛韵等译,上海三联书店 2016 年版,第 350 页。

[2] 本书将从列维纳斯分析的元素知觉中涌现的"元素—情节"来切近这一点。

[3] 整体而言,胡塞尔开创的现象学运动,实际就建立在对生命感觉即世界性视域的重新确认的基础上。莱维的见证书写,即对无法被带有数理化意向的生命政治离解的生命"现象性"的提取,与重新复原溢出数理系统的生命知觉的现象学运动处在同一进程中。参见 [德] 埃德蒙德·胡塞尔《欧洲科学的危机与超越论的现象学》,王炳文译,商务印书馆 2017 年版;[德] 埃德蒙德·胡塞尔《生活世界现象学》,倪梁康、张廷国译,上海译文出版社 2016 年版。

证"不再是在特定环境下对生命"现象性"的保存，而是生命作为一种不安的力量或自治性的运动而自始至终都处在见证中。这一点不仅没有抹除纳粹大屠杀的唯一性，而且让这一唯一性在生命性的维度与现代人类社会及生活世界出现的诸种危机建立了一种相互牵制和相互盘活的逻辑关联模式。在其中，极端经验与日常经验之间彼此存在着一块难以觉察的毗邻区域[①]，是作为"现象性"生命动荡不定之处。也因此，以莱维为例，"幸存"或"见证"就是批评维持这种焊接日常经验与极端经验的不安力量或"现象性"生命的过程，是文学批评的"当下性"研究选择莱维作为研究对象的原因。在本书中，这一作为不安力量的生命"现象性"，将分别从"客观叙述"和"肉身'即刻性'伦理"中获得开显，并且也同时呼应了第一编门槛境地中"绝处逢生"的作为自我校准的变量化生命形式。

第三编分析"情感"。从作为现代性开端的莎士比亚，到现代性激进期的梅尔维尔，再到"文学本质上是一种幸存文学"的莱维，前两编实际已经勾勒出了从生命政治的去生命"现象性"过程（无生命化）到使生命政治失效的见证生命的"现象性"过程（有生命化）。从复义化的门槛到见证不可见证，勾连起二者的生命"现象性"，或文学批评意在维持的这一不安力量，实际是以一种飘忽不定的情感形式出场的。换言之，生命的"现象性"，就是自我校准的变量化情感。这一变量化情感，一直从莎士比亚的《理查三世》延续到莱维的《这是不是个人》，且最终将在本书分析的塞巴尔德作品的相片中，以与生命稀缺性相关的"陌异化情感"，获得更为具体的探究和命名。这一分析思路，一方面将说明生命政治对

[①] 这一点受到本雅明对"暴力的日常化"思考的启发。参见［德］瓦尔特·本雅明著，陈永国、马海良编《本雅明文选》，中国社会科学出版社 1999 年版，第 426 页。

生命"现象性"消解的历史进程与 20 世纪晚期对历史灾难进行"总结"的塞巴尔德的作品中对生命"现象性"的表征过程之间存在的呼应性关联;另一方面也将说明"门槛""见证"与"情感"三者间彼此过渡和相互循环印证的逻辑关联。

此外,通过对塞巴尔德四部曲中相片物质性与情感地形学关系的论证,我们将会从其"真理总在惶惑不安的背后闪闪发光"的情感知觉中意会到作为稀缺性现象的生命意识的出现,本身就是一种令主体受难的外部情感。作为装置的生命政治始终是以门槛机制分有生命的过程,但在分析塞巴尔德的作品时,我们却从作为"绝望的印痕"和"庄严的苦恼",也即相片的物质性施演中,看到情感是一种无法分有但"分有"或让生命"幸存"的生命"现象性",是一种自在的见证活动。也是在这里,我们看到情感的这一"外部性"对生命政治的解构作用。见证无法被生命政治简化的生命"现象性",或这一无所不在的醒觉中的外部生命,已经是一种情感形式,它依然呼应着从莎士比亚到莱维的书写"情结"。同时,之所以选择从相片切入塞巴尔德四部曲中的生命现象,还在于通过论证相片物质性如何施演生命"现象性"的过程,从而证明生命也是一种始终有待被触发或激活的媒介化存在形式。这一论点所要应对的实际就是生命政治在当下的泛化存在,其中尤为显著的就是我们在欧美城市文学中看到的生命政治参与到了城市史的发展逻辑中,并使得生命在其中走向模糊和晦暗。

因此,本书最后一章将要讨论的,就不再限于传统生命政治学所研究的对象域,而是将生命政治与城市化现象关联起来。因为正如在对塞巴尔德作品的相片物质性进行考论的过程中看到的那样,作为媒介化的生命实际总处在某种境遇之中,而生命也总会在这一境遇中经受变革。故而,作为媒介的生命,在城市场域中要么如前所述呈现为一种让生命"现象性"获得开显的过程,要么呈现为一种去生命"现象性"的分化过程。[①] 在城市场域中,作为媒介的生命,始终处在二者的张力关系中。作为生命"现象性"的身体"姿态",不仅是洞察这一张力关系的索引,也可显影一种从丧失到复归的外部情感,即无法被城市生命政治学分化的"共—显"中的情感。[②] 当然,它不仅再次呼应了塞巴尔德陌异化情感中的受难情结,同时也将这一令人不安的力量推进到对欧美城市文学生命政治的批评中,它也是文学批评的"当下性"之所以具有其"生产力"的原因。

---

① 本书讨论欧美城市文学中的城市"无人区现象",实际与莱维作品中阿伦特思考的"无人化统治"构成了一种就危机产生语境而言的潜在关联性。

② "共—显"源自南希分析的"外展"(Exposition),其动词形式为 Expose(曝光)。作为南希理论语境中的关键概念,以及对南希总体著作中外展的考察与提炼,"外展"说明了主体不再是一个能通过严密的表象逻辑将自己划分出来的理性自治的个体。相反,"外展"强调了主体与溢出自身的外部或他者之间变幻莫测的关系,主体总是在一种与外部或他者之间的传染和共通中诞生的赤裸存在,是一种无法征用的共享或共显形式。参见〔法〕让-吕克·南希《无用的共通体》,郭建玲、张建华等译,河南大学出版社 2015 年版。

第一编

门　槛

如果说现代性的认识论起点是从笛卡尔（René Descartes，1596—1650）式的"怀疑"开始的，那么现代性的感觉论起点，则应该是从莎士比亚（William Shakespeare，1564—1616）的"怀疑"开始的。① 正如处在那一转折期同时又参与了那一思想史转折的蒙田所言（Michel de Montaigne，1533—1592），"我们必须学会忍受人生不可避免的事情，我们的生活犹如世间的和声，它是由不同的声调、彼此对立的音响构成的，有甜美的、刺耳的，有尖厉的、低沉的，有轻快的、庄重的"②。文艺复兴也是人对世界的感受力或知觉力复兴的时代。为此，泰勒在分析与笛卡尔不同的蒙田时所表达的观点，同样适用于同一时期的莎士比亚。他们的"渴望是永远放弃关于这种'普遍'作用的一般范畴，逐渐捕捉我们的没有普遍解释的不朽重要性的自我理解，这样我们的独创性方式就是可以期待的了。其目标不是发现借此可以考察一般事物的理智秩序，而是要

---

① 当然，我们不能忽视同样作为文艺复兴开端的但丁在其中的位置。然而，但丁的"怀疑"，存在着一种既偏离神学秩序又构筑神学秩序的诗学情节。这一点也被奥尔巴赫、艾略特、卡尔维诺、布鲁姆等批评家所意识到，其中，奥尔巴赫的分析尤显重要，"在这种带有赞叹之意的对人的直接关心中，已在上帝安排中建立的完整的、个体的、历史的人的不可摧毁性抗拒着上帝的秩序，它让这个秩序为自己服务，使这个秩序黯然失色；使人的形象比上帝的形象更为重要。但丁的作品实现了基督教的将人形象化的特性，并在这一实现中又破坏了它；巨大的画框由于装在其中的画像过多而破碎"。参见［德］埃里希·奥尔巴赫《摹仿论》，吴麟绶、周新建等译，商务印书馆 2014 年版，第 237 页。莎士比亚不同于但丁的地方，在于他的"怀疑"更为彻底和诡谲，"怀疑"参与到他众多戏剧人物性格和行动的构造中。表浅化的分析会用"虚无主义"概括莎士比亚的"怀疑"，但这会削弱莎士比亚的虚无所蕴含的不同情感刻度，以及这些情感刻度所试图勾勒乃至保存的生命"现象性"。这一现象性的表征方式之一，就是列维纳斯所言的"存在"或 Ilya（有），如列维纳斯对《麦克白》的分析，"在谋杀罪行所制造的虚无中，存在（être）变得浓稠、凝聚、直至令人窒息，并且恰从意识的'退却'中夺回了意识""ilya 意味着身陷落网，落入某种并非'某物'的东西掌中任其宰割"。仿用列维纳斯的话，莎士比亚这一 Ilya 式的怀疑，反而夺回了对生命"现象性"坚忍不拔的关注度。参见［法］埃马纽埃尔·列维纳斯《从存在到存在者》，吴蕙仪译，江苏教育出版社 2006 年版，第 68、70 页。

② ［法］米歇尔·德·蒙田：《蒙田随笔》，朱子仪译，上海人民出版社 2011 年版，第 215 页。值得注意的是，莎士比亚也读过同一时期的蒙田，两者的思想有交汇之处。同时参见 Lars Engle and Patrick Gray, eds., *Shakespeare and Montaigne*, Edinburgh：Edinburgh University Press, 2022。

发现不让特殊性被忽略的表达模式"①。进一步言之，通过其戏剧人物的特殊性表达，莎士比亚是第一个在广度、深度和幅度层面全方位拆解此前时代对于人的理解方案的作家。

这一卓越的洞察力实际源于莎士比亚对生命"现象性"的捕捉，换言之，生命的"现象性"是莎士比亚戏剧人物特殊性表达的来源。而对这一生命"现象性"的提取，首先是从"身体"开始的。② 处于"一种允许他们自由地活动其肢体的地位"③ 的文艺复兴时期，作为现代性开端的莎士比亚，是第一个试图将"身体"作为推动其戏剧动力的剧作家。在莎士比亚的戏剧中，"身体"从来都不是神权时代单向度附属于上帝秩序的被动之物，而是具有了可以参与并构筑人物情感结构的能动性（Agency）。"身体"在莎士比亚那里有了自身意识，也即生命"现象性"的开显，这一点往往也是"戏剧性"的源头。④

莎士比亚之所以意识到这一点，是因为作为生命意识来源的"身体"，在宗教神权的时代，实际处在一种无法定位的"门槛"境地。⑤ 这一点也因为莎剧中的"身体"往往是君主、王子等人的

① ［加］查尔斯·泰勒：《自我的根源：现代认同的形成》，韩震等译，译林出版社 2001 年版，第 275 页。

② 我们也可以把莎士比亚对身体的关注与整个文艺复兴艺术史中对身体的关注关联在一起进行思考。不同于笛卡尔对人的发现是以意识为起点的，莎士比亚对人的发现首先是从身体开始的。

③ ［英］弗吉尼亚·伍尔夫：《论小说与小说家》，瞿世镜译，上海译文出版社 2009 年版，第 318 页。

④ 同样值得注意的是作为现代性初期凸显身体意识的拉伯雷（François Rabelais，1494—1553）的《巨人传》。《巨人传》早于莎士比亚的创作，而根据历史，莎士比亚似乎也读过《巨人传》。但拉伯雷不同于莎士比亚的地方在于其《巨人传》更倾向于描述身体的享乐本能，而莎士比亚从身体中看到的更多的是一种接近存在主义的思想情绪，身体的"偶然性不断地纠缠自为，正是偶然性使我同时认为自己是完全对我的存在负责的又是完全无可辩解的"。参见［法］让－保罗·萨特《存在与虚无》，陈宣良等译，生活·读书·新知三联书店 2022 年版，第 383—384 页。虽然奥尔巴赫在其《摹仿论》"疲惫的王子"一章中觉察到了这一点，但并没有进行深入探索。

⑤ 当然，也正是这一无法定位的"门槛"境地，促使莎剧中处于临界的人物的心灵活动，处在一种事件性的存在模式中。它也使得本书所讨论的外部性生命情感，获得了显露的时刻，也即泰勒所言的"发现不让特殊性被忽略的表达模式"。

身体而更具有现象性。福柯指出，国王的"形象不是次等的人类，而是这样的人，他们在权力的行使和对他人的治理里，没有能够自我治理：国王的激情"①。这一过程是展现在身体意识中的，而且国王的"激情"既分享了始源性意义上的不受控的身体的自然属性，也分享了不受控的权力使用者这一文化属性，二者的关系还处于晦暗不明的境地。作为现代性开端的莎士比亚，在处理主体性的问题时，之所以选择"君王及其身体意识"，就在于回答"君王或是君主，作为个人主体，究竟是什么？君王，作为自我，当与自身有关系时，是什么"②的问题。这一问题就把我们带入由福柯开启并由阿甘本继续推进的生命政治的领域。在以身体为基点的生命政治语境中，作为现代性起点时期承担文献或档案功能的莎士比亚剧作，不仅从微观层面展露了在中世纪与文艺复兴转折点上身体与灵魂孰优孰劣的纠缠史关系③，也同时在宏观层面将这一纠缠关系纳入了宗教神权与近代法权暧昧的接续关系中。

本编第一章将以《理查三世》中身体的两歧性为例，见微知著和由点及面地考察莎士比亚剧作中的生命政治"情节"及其所牵动的政治地层。在评述莎士比亚时，狄尔泰这样写道："在他那个时代，对于人为何发狂的问题，连医生都是满脑子的迷信想法，而他则是这种有病的心理状态的如此深入的观察家，致使我们当代杰出的精神病医生都要像研究天然事实本身那样地研究他的人物。"④ 正如赫勒（Agnes Heller，1929—2019）在分析《理查三世》时提到

---

① ［法］米歇尔·福柯：《主体性与真相》，张亘译，上海人民出版社2018年版，第344页。

② ［法］米歇尔·福柯：《主体性与真相》，张亘译，上海人民出版社2018年版，第341页。

③ 莎士比亚的意图当然与恢复梅洛－庞蒂意义上身体作为意识场的努力相关，而且这一恢复身体自身意识的动机与以"移动性"为本质特征的现代性有着很深的关联性。

④ ［德］威廉·狄尔泰：《体验与诗：莱辛·歌德·诺瓦利斯·荷尔德林》，胡其鼎译，生活·读书·新知三联书店2003年版，第169页。

的其中存在的身体畸形与灵魂品质的关系①，我们看到莎士比亚的
《理查三世》中已经出现了福柯思考的以神学语境为源头的通过身
体技术矫正灵魂的生命政治问题。作为政治运作中不可分割的构成
性部分的身体，已经超出了生理学意义上的单义性，而行使着其政
治神学的象征功能和使用关系。"主权与生命领域相接壤"② 这一
现实，是以身体让出自身的自治权力，也即生命现象性的源头开始
的。换言之，身体从其物质性血肉现实进入被权力分有的超现实，
不仅解释了理查的身体处在无法定位的门槛境地和理查"误入歧
途"的邪恶动机中的复杂性构成要素，也恰好印证了阿甘本对神圣
人的历史考古学分析。

　　如果从历史层面看，生命政治历史的一端可以从作为现代性起
点的莎士比亚的剧作中获得勾勒的话，那么晚期现代性激进期的生
命政治的形态，则可以从梅尔维尔（Herman Melville，1819—1891）
的书记员巴特尔比那里获得其轮廓。如果说"莎士比亚的整个处理
方式都在自己的舞台上找到了某些乖违事物"③，那么，梅尔维尔也
同样试图让乖违的事物，参与到对现代性激进期的生命境况的描摹
中。从福柯到阿甘本对生命政治的历史化分析看，"为活的有机体
争吵并将其变成战场"④ 的生命政治，实际都与对异常事物的规范
化历史进程关联在一起。神权时代理查三世的乖戾，一直延续到法
权时代巴特尔比的沉默。梅尔维尔的诸多文本实际都与趋向疯癫的
病理学相关，不仅呈现了现代性激进期生命政治进化出的新面貌，

---

① 参见［匈牙利］阿格尼斯·赫勒《脱节的时代：作为历史哲人的莎士比亚》，吴亚蓉
译，华夏出版社 2020 年版，第 365 页。

② ［意］吉奥乔·阿甘本：《神圣人：至高权力与赤裸生命》，吴冠军译，中央编译出版社
2016 年版，第 16 页。

③ ［德］歌德著，杨武能、刘硕良编：《歌德文集》（第十二卷），罗悌伦译，河北教育出
版社 1999 年版，第 210 页。

④ ［德］尼采：《重估一切价值》（上卷），林笳译，华东师范大学出版社 2013 年版，第
502 页。

一张如巴特尔比般石化的脸，也与现代性起点处莎士比亚剧本中的与生命政治相关的疯癫，形成了一种历史性的内在呼应。莎士比亚具有一种可以接通人类整体存在的感知能力，梅尔维尔也具有同样出众的才智，劳伦斯坦言，"当他不再是美国人，当他忘记所有的读者，只把他对世界的感悟呈现给我们时，他就了不起，他的作品就在灵魂中唤起一种宁静，一种敬畏"①。这也是本书第一章选择将两位相隔甚远的作家放置在一起进行探索的原因。一方面，他们的作品都与生命政治的发生史与演进史密切相关，而且构成了以现代性起点与现代性激进期为相互"参照"的两极框架。② 另一方面，在这段以两位作家为相互参照的生命政治的历史进程中，作家也同样展露着令人不安的东西，即与生命的现象性相通的外部性。正如本书所言，"当下性"并不是一个线性层面的历史概念，而是不同时代与不同处境下的文本所共享的一种普遍的时间性，一种共通的不安的力量。

理查和巴特尔比共同遭遇的"门槛"，是阿甘本分析的生命政治为何能够存续的动力来源。由于"门槛"是一处既外又内，既纳入又排斥的极具隐蔽性的悖论区间，且处于这一矩阵区间的是人的身体，所以，我们看到了从理查到巴特尔比的身体姿态都被一种变幻莫测的外在力量所制约和征用。理查善变的道德动机始终与其身体姿态相连，巴特尔比的异常也始终与其渐趋静态的身体姿态相关。前者关涉的是在宗教神权下处于非我状态下的身体如何再次陷入非我的结局，后者关涉的则是在法权社会下个体的身体姿态如何

① ［英］劳伦斯：《劳伦斯读书随笔》，陈庆勋译，上海三联书店 2000 年版，第 140 页。

② 莎士比亚到巴特尔比就对应了封建君权向新权力技术的转型，如福柯所分析，"大致上说：资产阶级革命不仅仅是一个新的社会阶级推翻了绝对君主专制制度并逐步建构起新的国家机关。它也不仅仅是对整体制度的组织。18 世纪和 19 世纪初的资产阶级革命是新权力技术的发明，纪律是其主要构成部分"。［法］米歇尔·福柯：《不正常的人》，钱翰译，上海人民出版社 2003 年版，第 94 页。

在律师事务所这样的象征性场所中被分解的结局。然而，也正是在这一身体被不断征用的历史进程中，我们看到了源于身体的不可被征用的意识活动的显现，即阿尔托所言的生命自身的"无政府状态"，"有个高级情节从自己身上通过"的生命的"现象性"[①]。理查的"无法逃避自己的手"与巴特尔比"处在哑剧中的身体"，都是难以捉摸的意识活动涌现的场所。二者的戏剧性，也即生命的现象性，都证明了"戏剧不应模仿生活而应尽可能地与纯粹力量相联系"[②]，二者都是一种尚待开显的姿态。

如果说"法律在其自身的消解状态中（即词源学上说的在虚构中）发挥效力"[③]，或生产神圣人的话，那么身体的虚拟性或者可无度化使用本身，又与莎士比亚戏剧人物真实化的虚无感知形成一种博弈。其缘由也在于莎士比亚的虚无化感知本身，乃是生命的不可穷尽性对主体进行不断拆解的结果。出现在理查的幽灵情节中的，是有血有肉的声音，"是思想中脱离思想的部分"[④]，而不是可被虚拟化乃至撤销的身体。巴特尔比令办公室同事惧怕的沉默身体，是内部动物的出场。因为，动物的本质性因素就是行动之前的"沉默"，作为纯粹的"活跃的空"[⑤]，沉默能够"酝酿"动物的姿态。故而，我们看到，阿甘本思考的身体的不可征用性[⑥]，也即真

---

① ［法］安托南·阿尔托：《残酷戏剧：戏剧及其重影》，桂裕芳译，商务印书馆 2014 年版，第 81、84 页。

② ［法］安托南·阿尔托：《残酷戏剧：戏剧及其重影》，桂裕芳译，商务印书馆 2014 年版，第 83 页。

③ ［意］吉奥乔·阿甘本：《神圣人：至高权力与赤裸生命》，吴冠军译，中央编译出版社 2016 年版，第 57 页。

④ ［法］莫里斯·布朗肖：《未来之书》，赵苓岑译，南京大学出版社 2015 年版，第 55 页。

⑤ ［法］莫里斯·布朗肖：《未来之书》，赵苓岑译，南京大学出版社 2015 年版，第 54 页。

⑥ Giorgio Agamben, *The Use of Bodies*, trans. Adam Kotsko, Stanford：Stanford University Press，2016，pp. 82 – 85.

实的生命"现象性",也是在这些时刻开显的。理查的疯癫与巴特尔比的静默,实际都与如何处理一种外部性的生命感知觉相关,而这一外部性在处理得当的情况下就是解构"门槛"的解药。①

---

① 如果处理不当,要么陷入理查三世的邪恶欲念,要么陷入巴特尔比的抑郁和倦怠。前者可参见赫勒在《脱节的时代:作为历史哲人的莎士比亚》中的分析,后者可参见韩炳哲在《倦怠社会》中的分析。

第一章

身体的两歧性:《理查三世》
悲剧的神学源起

哈罗德·布鲁姆与格林布拉特分析,莎剧人物本质上不具宗教意识①,但我们要问为什么超出宗教意识的过程却以上演"神权生活"为背景?因此,埃里希·奥尔巴赫(Erich Auerbach)会说基督剧中"原罪—拯救"的解决办法已经在莎士比亚的作品里失去效力,但它依然和人的自由天性观念有着微妙的联系。② 这一问题指向了莎剧和政治神学的关联,而与神权"水乳交融"的君王则是这一关系模式中密度值最高的观察界面,是福柯说"君王具有自我与自我的关系"③ 之源头。我们通过具体分析《理查三世》,剥除莎

---

① Stephen Greenblatt, *Will in the World*: *How Shakespeare Became Shakespeare*, New York: W. W. Norton & Company, 2004, pp. 110 – 111; Harold Bloom, *The Western Canon*: *The Books and School of The Ages*, Orlando: Harcourt Brace & Company, 1994, p. 51。

② 参见 Erich Auerbach, *Mimesis*: *The Representation of Reality in Western Literature*, trans. Willard R. Trask, Princeton: Princeton University Press, 2003, p. 324。这一点也得益于中世纪的时间感知模式,正如卡林内斯库所言,"作为中世纪最重要的主题之一,尘世舞台(theatrum mundi)找到了现世和舞台之间的相似,在这个舞台上,人作为演员不知不觉地扮演着由上帝分派给他的角色"。参见 [美] 马泰·卡林内斯库《现代性的五副面孔:现代主义、先锋派、颓废、媚俗艺术、后现代主义》,顾爱彬、李瑞华译,商务印书馆 2002 年版,第 24—25 页。莎士比亚正是借助这一扮演过程窥探到与神学秩序博弈的生命"现象性"。

③ [法] 米歇尔·福柯:《主体性与真相》,张亘译,上海人民出版社 2018 年版,第 342 页。

剧里笼罩生命的神学魔力。如果说悲剧是由无辜和有罪构成的合奏，那么要看到的是葛罗斯特如何凭借赎罪而陷于二者间不可区分的困境。莎士比亚凭其偏离宗教意识的悖反运动，对神权统摄下的政治生活进行艺术呈现。它为观众带来的不是和解的安慰，而是黑格尔认为的酸辛。① 由此，神权通过怎样的机制运作葛罗斯特的两种身体并最终导致其毁灭，便是本书围绕上述问题展开的理路辨析。

第一节 "欺人的造物者又骗去了我的仪容"

在《理查三世》中，葛罗斯特是一个悖论性的最接近也最远离上帝的人。接近上帝主要体现于他开篇的独白，指明人是上帝的被造物。这是自上帝创世以来对人何以存在的普遍解释。但这种自基督教创立到文艺复兴初期的绝对认识，却在葛罗斯特那里遭遇了困难，"我既被卸除了一切匀称的身段模样，欺人的造物者又骗去了我的仪容，使得我残缺不全，不等我生长成形，便把我抛进这喘息的人间"②。葛罗斯特生来就有身体缺陷，stamp'd（留痕），deformed（变形），unfinish'd（缺损）都表明作为一个被造物，他被迫认领自己身体的这一事实。它也是导致葛罗斯特未来性格的原因，正如奥尔巴赫所言，莎剧在大多数情况下都并非讲述剧中人物天生的性格，而是展现出生、生活状况、早期命运对其性格

---

① ［德］黑格尔：《美学》（第三卷），朱光潜译，商务印书馆1997年版，第329页。

② ［英］莎士比亚：《理查三世》，载《莎士比亚全集》（第五卷），朱生豪、方重译，人民文学出版社2009年版，第457页。以下引用，在正文中随文标注页码。英文引自 Burton Raffel ed. , *Richard III*, New Haven and London：Yale University Press，2008。需要注意的是，在这里，莎士比亚通过其诗学形式隐蔽地揭示了格洛斯特对身体来源的怀疑，这也是萨特所言的身体的"人为性""一种隐蔽的、不可克服的恶心永远对我的意识揭示我的身体""身体正好表露了我的偶然性，它甚至只是这偶然性"。［法］让-保罗·萨特：《存在与虚无》，陈宣良等译，生活·读书·新知三联书店2022年版，第384、418页。

形成的影响。① 我们下面就从他的身体缺陷分析其悲剧命运，透视其身体与其命运的隐秘关联。②

葛罗斯特将其归责为"欺人的造物者"，用 dissembling nature 指代上帝，而非剧中人物口中频繁出现的 God。Nature（自然）这一拉丁语词汇来源于古希腊语 Physis，亚里士多德将其定义为"一种由于自身而不是由于偶然性地存在于事物之中的运动和静止的最初本原和原因"③。之后，亚里士多德便将质料符合形式的东西都归属于自然。"既然，自然一词具有两层含义，一是作为质料，另一是作为形式；而形式就是目的，其他的一切都是为了这个目的的，那么，形式就应该是这个'何所为'的原因。"④ shaped（造型），made（制作），curtail'd（剪裁）意味着为了某种符合目的的形式而对材料进行塑形，并赋予其意义。但葛罗斯特的身体比例并不合适，残缺的肉身并不符合他的王室身份。亚里士多德关于自然的论点可以和他的美学思想联系起来，自然在这里被束缚在"有机的整体"和"多样的和谐"里，它们都意在符合亚里士多德的神学目的论。正如约翰斯所指出："将出生缺陷解释为预兆或者不寻常之事并由此暗指自然秩序中出现的矛盾和不谐可以溯源到亚里士多德，他的物理学把'异常之物'形容为'自然努力

① 参见 Erich Auerbach，*Mimesis：The Representation of Reality in Western Literature*，trans. Willard R. Trask，Princeton：Princeton University Press，2003，p. 320。早在《亨利六世》的下篇里，亨利王就曾对葛罗斯特的出生说："你出世的时候……预示着不祥的时代……你生来奇形怪状，简直不像一个好人家的儿女。"参见［英］莎士比亚《亨利六世下篇》，载《莎士比亚全集》（第七卷），章益、绿原译，人民文学出版社 2009 年版，第 302—303 页。以后引用，在正文中随文标注页码。英文引自 William Shakespeare，*King Henry VI*，Harmondsworth：Penguin，1981。

② 实际上，赫勒已经注意到《理查三世》中理查作恶动机的含混不清与导致僭政间可能存在的潜在关系，但并没有注意到身体在其中的核心位置。参见［匈牙利］阿格尼斯·赫勒《脱节的时代：作为历史哲人的莎士比亚》，吴亚蓉译，华夏出版社 2020 年版，第 363—401 页。

③ ［古希腊］亚里士多德：《亚里士多德全集》（第二卷），苗力田编，中国人民大学出版社 2016 年版，第 30 页。

④ ［古希腊］亚里士多德：《亚里士多德全集》（第二卷），苗力田编，中国人民大学出版社 2016 年版，第 53 页。

目的'的失败。"① 亚里士多德对形式的思考深刻影响了后世两位重要的神学家奥古斯丁和阿奎那。

"上帝按照自己的形象造人",《创世记》中的这句话点明了人有别于其他世间万物的神圣性,人的身体在基督教的神学语境中看来可不单单是具有物质的肉身,否则它和石块、水流、禽兽无异。"原始的精神受造物本是一片黑暗,漂流不定,犹如深渊,和你(上帝)迥异,及至你用你的言语把它领回到同一言语之中,照耀它使它脱离幽暗,虽则不能和你同样光明,至少能仿佛你的肖像。"② 奥古斯丁认为天主使得整体比之部分要更为美好。③ 事物之所以美在于它具有数学般精致的合适、外观的总体匀称、尺寸的相对适度。那么,就人的身体外形来说,它也必定符合这样的观念。葛罗斯特在还未成形前便被抛进喘息的人世,也就不难理解他为何说造物者骗去了他的仪容。将世界安排得有条不紊,形式和谐的上帝难道遗忘了葛罗斯特? 阿奎那也认为美在于形式上的比例合适,"至于美观或美,则相似圣子所特有者,因为美要求三点:第一点是完整或完美,因为凡有所减损者,就因而是丑陋的;第二点是应有相称的比例或和合;第三点是光彩,因此,彩色鲜明者就说是美的"④。这三个要素无疑都是从合乎形式的感受力那里获得其审美存在的基础,并进而能够在目的论上对美做出确证。未经塑形的质料粗陋、生硬,令人不悦,只有给予完善的形式才能释放其意义潜能。葛罗斯特的身体不属于阿奎那对美的神学划定。在这样的背景下,他的身体困境就需置于神学语境里思考。由此,亚里士多德哲学到

---

① Sujata Lyengar, ed, *Disability, Health, and Happiness in the Shakespearean Body*, New York and London: Routledge, 2014, p. 47.

② [古罗马] 奥古斯丁:《忏悔录》,周士良译,商务印书馆 2014 年版,第 308 页。

③ [古罗马] 奥古斯丁:《忏悔录》,周士良译,商务印书馆 2014 年版,第 340—341 页。

④ [意] 圣托马斯·阿奎那:《神学大全》(第一册),高旭东、陈家华译,碧岳学社 1997 年版,第 567—568 页。

中世纪神学所划定的身体美学图示并未消解葛罗斯特对上帝的敌意。"上帝"这个词为何被说成 Nature 依旧是有待解决的问题。因而可以将开篇独白理解为他对神学统领下的美学创世进行挑战的宣言。

我们从剧本里可以看到除葛罗斯特之外其他受造物的完美仪容，和他的身体有着更为直观的对比。如葛罗斯特在安抚安夫人后独自说道："繁茂的自然界培育了他那样的一个人才（A sweeter and a lovelier gentleman/ Framed in the prodigality of nature）……我的所有禀赋怎抵得上半个爱德华呢？我这样一瘸一拐，这样残缺其形？"（469 页）爱德华王在得知克莱伦斯的死讯后悲叹道："毁损了我们亲爱的救主所塑造的形象（The precious image of our dear Redeemer）"。（493 页）而当两个年幼的孩子死去时，提瑞尔哀嚎着："我们把开天辟地以来所未有的美品，天工的精心杰作（The most replenished sweet work of Nature），竟一手给闷死了。"（535 页）英语选段里的"自然"一词也再次和开篇中葛罗斯特说的 Nature 形成对照。在《亨利六世》和此剧中，葛罗斯特的身体都和整个大的神学和谐观相悖，乃至其残身被认为是神诅咒或将给国家带来厄运的象征。亚里士多德虽将形式下放到经验世界，但"不动的推动者"也还只是超验上帝的另一种确认。自然的繁复和偶在需被形式化的普遍概念收纳，这样才能在本体论上完成对世界的解释和对人的定位。这一内在自我同一性的形式在中世纪被接续为造就万物的最终因——上帝。因此，奥古斯丁和阿奎那在把哲学和神学结合起来时，最能符合上帝之"道"（Logos）的就是这一形式化运动，并且它在逻辑命题上也可自我循环。再以把控自然的知识去理解上帝时，上帝也只能在形式化的概念里被人度量，而人在这一阐释过程中也同时将自身束缚为上帝理念的完美模块物①，并同时异化出审

---

① ［德］海德格尔：《路标》，孙周兴译，商务印书馆 2001 年版，第 210 页。

判自身的非自然力量。这种表象化的自然观不能解释葛罗斯特生来有之的身体缺陷。反讽的是，它成为众人排斥和咒骂他所凭借的审美依据。先前那个至高无上的上帝此时成为人们不断惩罚葛罗斯特所要依附的非人格权威。

第二节 从普遍性进入魔性之域的身体

"美"和"善"在古希腊和基督教语境里是同一的，自然事物按照上帝的旨意运行，它们符合"美"也符合"善"。认知上帝美的同时也在认知上帝的善。作为受造物的人当然最能体现上帝的此种意志，他被赋予的优美身形就是上帝的杰作。一个人外形是美的和这个人是善的是否等同？这个问题在开篇独白里被重新提了出来"加上我如此跛跛踬踬，满叫人看不入眼……说实话，我在这软绵绵的歌舞升平的年代，却找不到半点赏心乐事以消磨岁月，无非背着阳光窥看自己的阴影，口中念念有词，埋怨我这废体残形（deformity）"。（457—458 页）葛罗斯特认为他的身体阻碍了其与他人的交往，"因此，我既无法由我的春心奔放，趁着韶光洋溢卖弄（entertain）风情"。（458 页）在《亨利六世》下篇中也可看到这篇独白的前奏"老天爷既然把我的身体造得这样丑陋，就请阎王爷索性把我的心思也变成邪恶，那才内外一致。我是无兄无弟的，我和我的弟兄完全不同。老头们称作神圣的'爱'也许人人都有，人人相同，可我却没有什么爱，我一向独来独往"。（303 页）

英语 Deformity 一词不仅有畸形的意思且也意指道德缺陷，审美愉悦和道德良善竟共生同源。Entertain 意在满足某种趣味和利欲，他的这副躯体反而成为他人理解他的阻碍。"美"和"善"的同一性成为葛罗斯特生活的一面罩衫，将他排除在"美""善"共

构的秩序外,而这却是带有上帝神力的屏障。克尔凯郭尔在谈到此处时认为:

> 每当看到畸形的人,我们就会不由自主地设想他们在道德上也具有某种扭曲性。哎哎,这是天大的不公!他们本来不该被如此造就……由于生而有之的天性或历史境遇的捉弄,他们一开始就被驱逐出了普遍性而进入魔性之域。作为个体,他们难道有什么可以指摘的地方吗?①

由于出生缺陷在中世纪的神学语境里是源于罪的结果,是上帝的愤怒,因此他自出生起便陷于众人凝视的神学目光之中。② 更准确地说,上帝象征的那个美善同一的形式化世界不再允诺他存在的权利。葛罗斯特被摘除神的肖像,其身体是神正论信仰体系里的一道裂痕。他成为一个多余者,从被动受造物变为主动造物,进而反抗这"圆满"的神世界,正如培根所说身有缺陷之人要对自然进行报复。③ 在接近上帝时,他竟震惊地觉知到上帝是他存在负担的魔力之源,从而以离间克莱伦斯与爱德华王的关系反抗此种神正论下的普遍伦理观。但问题的关键还在于他为何要以篡夺王位的方式来实现自己的意愿?事实上,在君权神授的历史背景下,国王是代上

---

① [丹麦]基尔克果:《恐惧与颤栗》,赵翔译,华夏出版社 2014 年版,第 138 页。福柯分析道:"直至 17 世纪和 18 世纪,我们可以说畸形作为反自然的自然表现,自身带有犯罪的迹象。在自然类别的规则层面上和在自然分类层面上的畸形的个人,即使不是系统地,至少也潜在地总是指向一种可能的犯罪性。"[法]米歇尔·福柯:《不正常的人》,钱翰译,上海人民出版社 2003 年版,第 88 页。

② Alan W. Bates, *Emblematic Monsters: Unnatural Conceptions and Deformed Births in Early Modern Europe*, Amsterdam and New York: Rodopi, 2005; Sujata Lyengar, ed., *Disability, Health, and Happiness in the Shakespearean Body*, New York and London: Routledge, 2014, p. 30, p. 54; Andrew Moore, *Shakespeare Between Machiavelli and Hobbes: Dead Body Politics*, London: Lexington Books, 2016, p. 38.

③ Francis Bacon, "Of Deformity", in *Essays*, Mozambook, 2001, p. 155.

帝治理世俗世界的唯一的合法统治者，国王是相对于他人最为接近上帝之人。从这一思路看，葛罗斯特反而在接近那赋予他身体的上帝。我们需对此做进一步的阐释。

裸露之身在整个基督教神学历史里是极其重要的意象，它意味着人自出生时便带有了原罪的晕圈。《创世记》里亚当和夏娃的裸体第一次揭露了人类原罪的开端，由知善恶过渡到一种羞耻、有罪的存在。吉奥乔·阿甘本引述彼德森的观点指出："裸体只在原罪之后才会出现。在堕落之前有一种衣服的缺席（Unbekleidetheit），但这还不是裸体（Nacktheit）。"① 葛罗斯特虽然穿着衣服，但身体缺陷在视觉上意味着它在本质上是以裸体示人的。同时，阿甘本谈到过基督教会历史上的一个现象，为早夭的婴儿施洗。我们知道受洗意味着洗净生而带来的罪，但因各种原因（包括身体残疾）婴儿还未成人便已死去，死前没有得到施洗是否意味婴儿不能得到救赎？阿甘本指出："圣托马斯认为，除了原罪而没有其他错误对未受洗的婴儿进行惩罚不能算是严厉的惩罚，比如被投地狱，它只是一种被永远剥夺了看到上帝的惩罚。"② 假设葛罗斯特生来即接受过施洗仪式，但也隐含了裸体之罪。他的身体缺陷是宗教里早夭婴儿的残余意象。在 dissembling nature 里的 dissembling 意指欺骗，无法看清。这可将"早夭婴儿被投掷到地狱边缘（Limbo）"与"无法看到上帝"等同起来。"由于他们（早夭婴儿）只有自然的知识，而没有经过受洗而获得的超自然知识，因此，他们并不知道他们被剥夺了最高善（supreme good）……如果他们通常有可能受到某种惩罚以至于这种创伤不可修复，这种痛苦就会让他们绝望，就像被

---

① Giorgio Agamben, *Nudities*, trans. David Kishik and Stefan Pedatella, Standford: Standford University, 2011, p. 58.

② Giorgio Agamben, *The Coming Community*, trans. Michael Hardt, Minneapolis: University of Minnesota Press, 2007, p. 4.

诅咒的人一样。"① 葛罗斯特受到神学权力凝视是因他早已不期然地滑入由神学目光构造的 Limbo 所预设的惩罚结构当中，换言之，葛罗斯特身体携带的神学意象是这种地狱边缘，是其不能获得超自然知识的惩罚之地。

　　这就容易解释先前的矛盾。神正论所锚定的那条径直流向上帝美善世界的河出现了缺口；确证神正论的另一理路原罪说就成为解释他为何僭越王权的原因；我们知道葛罗斯特始终背负一个宗教化的残余裸体，如果此种受苦不能从上帝的肖像那里得到解释，那么将其认为是原罪的结果似乎就能填补这一生来有之的缺陷。但是，承认原罪意味着葛罗斯特先前否定的上帝重又出场。正是在这里，基督教神学的核心悖论出现了，即要证明上帝至善，必存有本质缺陷，也就是恶。原罪成为人获得上帝救赎的内在预设，作为有限的人不得不承担起无限的惩罚，超验之"善"悖论地需要人的沦落和由死来确证自身。罪是上帝存在的绝对条件，"恶"成为人克服分裂状态的内在动力。"'罪恶'起于'善'和'恶'的认识；然而这种认识同时医好了古老的创伤，而且是无限调和的渊源。"② 善恶一体两面，在恶引发的激荡暗影里，作为自然的肉身跳出了闭锁冰冷的自然界，进而感知到其和上帝伦理牵连的永恒之维，一种悖论性的"过渡"③。善与恶的这一不可区分的内在悖论表面上看是葛罗斯特疏远上帝之善的结果，但经分析却是他试图靠近上帝的潜在意识。承认并实践罪是为了寻获真实的上帝，摆脱自己的裸身，获得超自然的知识。此时，我们看到操纵着葛罗斯特的两条信仰之

---

① Giorgio Agamben, *The Coming Community*, trans. Michael Hardt, Minneapolis：University of Minnesota Press，2007，p. 5.

② ［德］黑格尔：《历史哲学》，王造时、谢诒征译，生活·读书·新知三联书店 1957 年版，第 368 页。

③ ［德］黑格尔：《历史哲学》，王造时、谢诒征译，生活·读书·新知三联书店 1957 年版，第 366 页。

线。明线是他反抗的那个赋予他残缺身体的上帝，隐线是他为了救赎自己的裸体之罪而虔信寻获的上帝。但结果是这两个冲突的上帝只是同一个"空洞"的上帝。正因将自身悬置的不可区分性创造了空之效力，使得上帝本身不仅保证了神正论的神法魔力（自我立基），同时又可凭借原罪说（自我审判）惩罚对神正论进行亵渎之人。① 上帝即使不在，但依旧保有神力，这种通过排斥葛罗斯特的神正论而又将其纳入原罪的审判呈现出阿甘本认为的门槛（Threshold）境况。

第三节　处于自然与政治间的参数化身体

原罪成为神法判决的基石，恶竟倒转为赎罪以求上帝的恩典，而它的方式则是获取王权。阿甘本就此解释道："裸体只是作为恩典之衣的缺失，作为有福者将在天堂接受华丽的荣耀之衣的先兆而存在。"② 阿甘本受到彼德森《衣服的神学》启发，而这也解释了原罪之身为何要寻求超自然知识即恩典之衣的欲望：

> 人类本质的扭曲经由原罪而导致了身体的"发现"，引发了对裸体的感知……经由罪，人失去上帝的荣耀，故而，他根本上无荣耀之身如今变得可见：纯粹肉体的赤裸性，移除所致使的纯粹功用性，以及由于如今存在于神性荣耀当中的最终尊严的丧失而出现的一个丝毫不崇高的身体。③

---

① Giorgio Agamben, *The Sacrament of Language：An Archaeology of the Oath*, trans. Adam Kotsko, Standford：Standford University Press, 2011, p. 56.

② Giorgio Agamben, *Nudities*, trans. David Kishik and Stefan Pedatella, Standford：Standford University, 2011, p. 57.

③ Giorgio Agamben, *Nudities*, trans. David Kishik and Stefan Pedatella, Standford：Standford University, 2011, p. 59.

　　他的身体被剥除了"崇高"后的"纯粹功用性"成为其裸体的最终宿命，而这正是美善身体排除残缺身体以展示自身荣耀的必然预设。"正如神圣人（homo sacer）的政治神话学主题假定一个赤裸生命是不纯洁的、神圣的并因此可杀的一样（尽管这种赤裸生命只有通过这样的假定才能被生产出来），所以人类本质的赤裸肉体存在，也只是原初闪光的恩典之衣的增补和不透明前提。"① 现在，葛罗斯特的"裸体"（本质）需要"衣服"（恩典）。② 由于他承认自己的裸体有罪，那么获得恩典就是他唯一的赎罪方式。但正如阿甘本认为，原罪本身并非生产神圣人之后出现的结果，而是生产神圣人的原因。③ 一旦个体承认自己有罪，那么他必须承认"衣服"的缺席。换句话说，如果要裁定一个人有罪，那么就需要剥除他身上的"衣服"，被剥除恩典之衣意味着个体不再受神法保护，因为身体的污浊可以被杀而不受追责。葛罗斯特为了披上"神圣人"的隐形之衣正是为了救赎自己本未有的罪。

　　　　裸体的知识意味着迷狂状态和界定了伊甸园境域的那种对自我极乐怀有无知的丧失，同时接下来也意味着"填补他的缺陷"的邪恶渴念在人那里出现。④

　　葛罗斯特选择僭越王权填补缺陷。僭越王权也就是获得恩典之

---

① Giorgio Agamben, *Nudities*, trans. David Kishik and Stefan Pedatella, Standford：Standford University，2011，p. 64；Giorgio Agamben, *Homo Sacer：The Sovereign Power and Bare Life*, trans. Daniel Heller-Roazen, Standford：Standford University Press，1998，p. 82.

② Giorgio Agamben, *Nudities*, trans. David Kishik and Stefan Pedatella, Standford：Standford University，2011，p. 60.

③ Giorgio Agamben, *Nudities*, trans. David Kishik and Stefan Pedatella, Standford：Standford University，2011，pp. 21 – 22，p. 64.

④ Giorgio Agamben, *Nudities*, trans. David Kishik and Stefan Pedatella, Standford：Standford University，2011，pp. 81 – 82.

衣从而遮掩其有罪裸体。僭越王权和恩典之衣又有什么内在的必然联系？阿甘本曾就康托维茨的《王的两个身体：中世纪政治神学研究》和神圣人的联系作了探讨。康托维茨曾引用普罗登对王的两个身体的描述。

> 他的自然身体（Body natural）是会朽坏的身体（Body mortal）……但是他的政治身体（Body politic）是一个不会被看到或操纵的身体……这样的身体不会遭受像自然的身体那样需要承担的幼年或老年，缺陷和愚弱的问题。正是这个原因，他的政治身体不会因自然身体的残缺（Disability）而失效和受挫。[1]

政治身体的神性可抵消自然身体的朽坏。葛罗斯特僭越王权的想法现在落实为行动了。只有政治身体才能以恩典的方式为他有罪的裸体披上荣光之衣，他也不会受到原罪的折磨。[2] 剧中充斥着对

---

① Ernst H. Kantorowicz, *The King's Two Bodies: A Study in Mediaeval Political Theology*, Princeton: Princeton University Press, 1981, p. 7.

② 我们还记得开篇时葛罗斯特的独白："现在我们严冬般的宿怨已给这颗约克的红日照耀成为融融的夏景；那笼罩着我们王室的片片愁云全都埋进了海洋深处。现在我们的额前已经戴上胜利的花圈；我们已把战场上折损的枪矛高挂起来留作纪念；当初的尖厉的角鸣已变为欢庆之音；杀气腾腾的进军步伐一转而为轻歌妙舞。那面目狰狞的战神也不再横眉怒目；如今他不想再跨上征马去威吓敌人们战栗的心魄，却只顾在贵妇们的内室里伴随着春情逸荡的琵琶声轻盈地舞蹈……说实话，我在这软绵绵的歌舞升平的年代，却找不到半点赏心乐事以消磨岁月，无非背着阳光窥看自己的阴影，口中念念有词，埋怨我这废体残形。因此，我既无法由我的春心奔放，趁着韶光洋溢卖弄风情，就只好打定主意以歹徒自许，专事仇视眼前的闲情逸致了。"这段独白揭露了葛罗斯特因在早年戎马生活立下战功而显赫一时，那时残缺的身体是隐形的，因为显赫的战功为其披上了"荣光之衣"，甚至可能正是因为一个立下战功的残缺之身，反而能够赢得更大的敬畏。然而，在进入和平年代后，前期战功为其赢得的荣光正在消逝，伴随而来的则是尊严感的降低，葛罗斯特因此又要开始"行动"了。这点不仅呼应着我们这里的分析，也呼应着葛罗斯特最后的"执迷不悟"，"一匹马！一匹马！我的王位换一匹马！"参见［英］莎士比亚《亨利六世下篇》，载《莎士比亚全集》（第七卷），章益、绿原译，人民文学出版社2009年版，第457—458、567页。

他自然身体的诅咒和嘲讽,安夫人咒骂道:"愿他所生下的孩子是个流产怪物,不让它足月便仓促下地!"(462 页)马格莱特王后对伊丽莎白王后说:"总有一天你还会希望我来帮你诅咒这只口喷毒液的驼背蟾呢。"(477 页)而公爵夫人则对小约克讲道:"他幼时是个再讨厌不过的东西,成长得十分迟缓,拖拖沓沓"。(501 页)葛罗斯特甚至也会借用这种诅咒来编织他僭越王权的计划,只是为了获取政治身体。为杀海司丁斯他说道:"请看我的身子受了妖魔多大的灾害;我这只臂膀就像毁损了的幼树苗一样,全都枯萎了。"(516 页)身体在他僭越王权的过程里可以成为供他人诅咒和施魔的戏剧舞台,足以表明身体本身所被刻写的神学效力。

国王是神圣世界和世俗世界之间的神圣人,他也需要以沦为赤裸生命(Bare Life)的方式获得神圣性,即永恒的政治身体。[1] 国王必死的自然之身说明"法无例外",而这又反转地说明国王活着的时候具有在例外状态下"自我决断"的权力。例外状态恰是上帝赋予国王政治身体施行其永恒权力的不可分界域,一种贯穿内外但全无意义的权力空间。神圣效力须以对世俗肉身进行判决的方式达成,这种构造赤裸生命的悖反逻辑成为国王判定世俗世界,维护神圣权力的来源。获得政治身体可以救赎葛罗斯特,让他从有罪的裸体和地狱边缘返回上帝允诺的天堂,恢复其身体的纯然完整。对葛罗斯特而言,国王的荣光之身通过否定有罪之身获得了确保。

政治身体的"永恒性"意味着摆脱世俗时间的"有死性",葛罗斯特对世俗时间充满怨恨和惊慌。他孤绝的体验和《罗马书》那段对原罪和时间(有死)的描述形成了共振:

---

[1] Giorgio Agamben, *Homo Sacer*: *The Sovereign Power and Bare Life*, trans. Daniel Heller-Roazen, Standford: Standford University Press, 1998, p92, pp. 94 – 95. 耶稣的死而复生和国王的永恒政治身体具有同构的道成肉身关系。

这就如罪是从一人入了世界，死又是从罪来的；于是死就临到众人。因为众人都犯了罪。没有律法之先，罪已经在世上；但没有律法，罪也不算罪。然而从亚当到摩西，死就做了王，连那些不与亚当犯一样罪过的，也在他的权下。亚当乃是那以后要来之人的预像。①

我们之前分析过的"裸体—衣服""本质—恩典"和"自然—政治"在这里就可转换为"有死—永恒"，它们中间横隔着"原罪"。政治身体的永恒性不再受困于自然肉身的必死性。"现在活着的不再是我，乃是基督在我里面活着。"② 然而，我们要追问的是为何在成功地僭越王权后，葛罗斯特却仍悲剧地结束了生命？

第四节　被誓言施演的去身化身体

要回答这个问题，需要回到剧本第三幕第七场。当葛罗斯特和勃金汉已谋划好如何取代爱德华的王位时，他们面对着宣誓仪式。但在宣誓前，葛罗斯特先要勃金汉对市民进行一番"雄辩"，也就是试图向市民证明他继承王位的合法性。但事情却并非如他所欲，勃金汉说："没有，上帝助我，他们默不作声；却像闭口的石像，或喘息的木块一样。"（522 页）在这计划的第一阶段"上帝"再次出现，它起的作用是确保继承王位的合法性。但市民对此的反应却与呼叫上帝时应有的应答不相符。

在《圣经》中，人之所以能说话在于上帝赋予他命名万物的能

---

① 《罗马书》（5∶12—21），参见［瑞士］卡尔·巴特《罗马书释义》，魏育青译，华东师范大学出版社 2005 年版，第 154—162 页。

② 《加拉太书》（2∶20），《圣经》，中国基督教协会 1998 年版。同时参见［法］米歇尔·福柯《主体性与真相》，张亘译，上海人民出版社 2018 年版，第 343 页。

力。喘息却不能说话,难道此刻出现的上帝没有效力?鉴于此,作为即将登基的葛罗斯特必须在此之前安排宗教仪式,即做礼拜(Liturgy)。一方面,礼拜的关键在于强化上帝语言的命名力量。"诵经并不仅限于召回或者纪念过去之事件,而是在一定程度上呈现'主的话',好像在那一刻被活着的圣灵重新诵读了。当在教堂诵读经文,上帝自己向他的民说话。"① 因此,勃金汉会对在旁的市长说:"他并不贪食懒睡,无所用心,却专事祈祷,以丰富性灵(Not sleeping, to engross his idle body, But praying, to enrich his watchful soul.)。"(523 页)其中,勃金汉说到的 idle body 意指他的自然身体,而 watchful soul 则意指他在礼拜时所潜心维持的政治身体,是一种福柯思考的重铸灵魂的工艺学过程,一种虚构假肢的过程,"其角度是我们所做的与那些发生在我们生命里的东西的联系。这是存在的轨迹,但与这种轨迹不可分离的是引导存在轨迹的可能、转变轨迹的可能、将轨迹引向这个或那个方向的可能"②。

另一方面,从他与勃金汉的计谋看,他虽非虔心礼拜,但这并不妨碍礼拜对在旁的市长和市民所起的效力。也就是说不论信徒虔心与否,礼拜都因实践本身而行使和完成了其效果或者作用,它是一种功用性的作为。之前说到政治身体里的"基督",由此可知"礼拜的神秘并不仅限于再现基督的受难,而是在再现中实现其效

---

① Giorgio Agamben, *The Highest Poverty*: *Monastic Rules and Form-of-Life*, trans. Adam Kotsko, Standford: Standford University Press, 2013, p. 81; Giorgio Agamben, *Opus Dei*: *An Archeology of Duty*, trans. Adam Kotsko, Standford: Standford University Press, 2013, p. 49.

② [法]米歇尔·福柯:《主体性与真相》,张亘译,上海人民出版社 2018 年版,第 44 页。同时参见 [法]米歇尔·福柯《自我解释学的起源:福柯 1980 年在达特茅斯学院的演讲》,潘培庆译,西南师范大学出版社 2018 年版,第 10 页。或用巴特勒的说法则是,"施为性不能总是被重新局限于它们言说的时刻,而要在它们行使的力中携带身体的记忆踪迹"。转引自 [美]于连·沃尔夫莱《批评关键词:文学与文化理论》,陈永国译,北京大学出版社 2015 年版,第 244 页。

果，这样人们就会说基督在礼拜时的在场完全和其效力叠合了"①。每个在场的人都分有了基督的身体，它只是葛罗斯特在继承权力的仪式过程中的神学担保。那么，为何礼拜能够获得其效力，能够维持其操作的内在境域又是怎样发生的？

> （礼拜的）神秘本身就是效果；神秘的是其效力，鉴于存在被消融进实践，而实践又被实体化为存在。②

礼拜呈现了一个在其中存在（being）和实践（praxis）、效果（effect）和效力（effectiveness）、原因（cause）和结果（effect）不可区分的互构悖论。由于此时葛罗斯特以摄政王的身份统治国家，这种门槛境域就进一步被其权威和权限的悖论关系所强化，效力转变为权威，而效果则转变为权限，二者的不可分导致二者须以区分的方式被赋予实存。③ 在旁的市民也就同时见证了葛罗斯特为自我立基所做的授权过程，即通过神权确证其地位的合法效力。"因此，神圣的行为被分为两部分：显现的行动看上去是在做，但实际上什么也没做，然而却又为掩蔽的始基提供了工具或者地点，它赋予所有操作以效力。但正因为行动被下降为工具之用而失去其效力，使

---

① Giorgio Agamben, *Opus Dei: An Archeology of Duty*, trans. Adam Kotsko, Standfford University Press, 2013, p. 40.

② Giorgio Agamben, *Opus Dei: An Archeology of Duty*, trans. Adam Kotsko, Standfford University Press, 2013, p. 55.

③ 参见 Giorgio Agamben, *State of Exception*, trans. Kevin Attell, Chicago: The University of Chicago Press, 2005, pp. 81 – 84. 值得注意的是，权威和权限的不可分，对应的也是理查希冀通过荣光之衣获得尊严的误入歧途之路。这里涉及的是人格尊严与权力威慑力之间的混淆问题，这种混淆可以在福柯分析灵魂治理术的思想语境中找到理论支撑。正如本雅明借助黑格尔所言，"这一抽象的不可损害性只是肉体之人最严格的不可损害性。荣誉规则中最为抽象的要求，其最初基础也都来自于这肉体之人，也即来自血与肉的端正不染"。参见 ［德］瓦尔特·本雅明《德意志悲苦剧的起源》，李双志、苏伟译，北京师范大学出版社 2015 年版，第 112 页。

得神圣的操作能够全然获取其效力。"① 这也再次印证了赤裸身体"纯粹功用性"之必然遭遇。葛罗斯特肉身的纯粹缺陷已在诵经时被罩上超自然的荣光，成为一种永恒的政治身体。这也是为什么巴特勒会说"施为性不是已经立足的主体所利用的单一行为，而是号召主体从分散的社会区域进入社会存在的一股巨大潜力"②。

在第三阶段，为进一步维持礼拜后的效力，葛罗斯特必须发誓。他说："但是万一在你们迫使我登位之后，假若有人暗中攻讦，或破口辱骂，那么此事既由你们促成，一切垢污糟蹋都应与我无关；上帝知道，你们也可能见到，这是一件多么违反我心愿的事。"（527 页）葛罗斯特的语义内容可真可假，但誓言只确认语义内容的义务关系（勃金汉、凯茨比、市长和市民们要向他效忠并将其自然生命能否存活的权利交托给他的政治生命）。即使语义内容为假或发违誓，誓言行为也有确保其为真的效力。③ 因为誓言行为得以施行的前提是以上帝之名起誓，上帝除见证誓言的实行还具有惩罚违誓者的权力（诅咒），誓言在内含了违誓的同时保持了对抗违誓的关系。④ 所以葛罗斯特会在后面暗示"上帝知道"并随后又去敬神以在旁人前进行自我授权的操作。在场的他人在这一誓言进程中已和葛罗斯特一起绑定在誓言这一难以区分的双关性上。

---

① Giorgio Agamben, *Opus Dei*: *An Archeology of Duty*, trans. Adam Kotsko, Standford: Standford University Press, 2013, p. 64; Giorgio Agamben, *Nudities*, trans. David Kishik and Stefan Pedatella, Standford: Standford University, 2011, p. 100.

② 转引自［美］于连·沃尔夫莱《批评关键词：文学与文化理论》，陈永国译，北京大学出版社 2015 年版，第 245 页。在这里，我们看到巴特勒所说的"施为性"，也是虚一构主体的一种方式。换言之，生命政治如要取得其所欲追求的权力效果，就须具有一种调动和征用诸多身体的"演绎"能力。此外，"施演性"这一概念本身，也有其以"演绎性"解构诸多权力主体的能力。也就是说，它是生命"现象性"的涌现过程本身，即让生命政治失效的过程。对此，我们会在第三章进行论述。

③ Giorgio Agamben, *The Sacrament of Language*: *An Archaeology of the Oath*, trans. Adam Kotsko, Standford: Standford University Press, 2011, p. 4.

④ Giorgio Agamben, *The Sacrament of Language*: *An Archaeology of the Oath*, trans. Adam Kotsko, Standford: Standford University Press, 2011, p. 8, p. 23.

内嵌于语言里的上帝确保词指涉物（语言进入实存）的誓言行为结构，但也悬置了词对物的指意功能，上帝成为一个有效力的空名。

"为了复制自己，控制他者，权力就必须依赖建立在自己内部的极端。用黑格尔的思辨自我术语来表达，就是说权力一直是，也已经是自己的违越，如果权力要发挥效力，它就必须依赖某种卑劣补充。"① 这也是为什么此剧里出现如此多"上帝"或"极端"的原因，它不仅起到见证誓言的作用，同时也对违誓者进行诅咒，不仅能建立稳定的权力关系，也可破坏这种关系。葛罗斯特凭誓言成为理查王，但正由于誓言的这一悖论关系让他又败于里士满的誓言。里士满向将士们言说这场战争的正义是由上帝保证的，"凭上帝之名，勇敢的朋友们"，继而又言："凭神之名……君王可以成神明，平民可以为君王。"（556 页）可以看到，君王和平民身份的转化也源于誓言的双关性，这也和我们之前分析过的君王只是神圣人（主权者与赤裸生命难以区分的一体两面）中的一面相合，他们都逃避不了神圣权力以自我悬置的方式为自我立基的空名效力。

实际上，里士满发动这场战争或者对葛罗斯特的惩罚只是借上帝之名获得统治英国的神权合法性，它也保证了作为世俗世界统治者的神圣血缘。葛罗斯特对这一点说得很明白："现在我知道布列塔尼的里士满觊觎着我的侄女小伊丽莎白，想借这一结合，妄图争得王冠。"（536 页）然而，谁也不能否认葛罗斯特王室血缘的神圣来源。因此，誓言本身的悖反性造成了里士满和葛罗斯特的矛盾，它使得任何与王室有血亲关联的人都可获得上帝的支援。"誓言并

---

① ［斯洛文尼亚］斯拉沃热·齐泽克：《幻想的瘟疫》，胡雨谭、叶肖译，江苏人民出版社2006 年版，第 33 页。

非一个有条件的诅咒:相反,诅咒和它相称的对应物祝福,正是因区分誓言中处于疑问的言说经验而诞生的专门体制。"① 这种处于疑问中的不可区分关系又呈现出排斥的吸纳结构,门槛境域再次出现。上帝之名确保了词指涉物的信仰效力,但由于上帝本身不能自我指涉而保持着它的自反性,它是保证语言悬置自身的意义并进入实在世界的力之基础。为克服其属己的单纯之空就须破坏词与物的这种述行效力,但这又意味着否认上帝的命名力量,从而招致诅咒和惩罚。上帝在语言里的空名只释放了词指涉物的施动力,而不关乎其意义的真伪。因此,"誓言通过言辞到言辞对活生生的人进行献祭。由于誓言首先是语言的圣礼,因此誓言能够作为权力的圣礼进行运作"②。葛罗斯特原本想通过赎罪完成对其裸体的救赎,但他在以誓言获取政治身体时又被里士满的誓言判定为一个被献祭的自然身体,上帝自身善恶难分的拓扑结构贯穿了誓言,这是令人绝望却又无法区分的门槛境域。

这时,再回头来看第一幕第一场里的独白,也就不难理解他为何将上帝说成自然了。因身体缺陷而否认的上帝到赎罪以肯认的上帝其实只是上帝的一体两面,所以葛罗斯特会在 Nature 前加上修饰词 Dissembling,一种极度扭结的心灵受难。虽然他经验到上帝的纯然未分,却无法明晓它构筑的门槛。"人——有语言的动物——本身是无根基的、他唯一的基础在于他自己的行动、他自己给自己的根基,这是一个如此古老的真理,以至于在人类最古老的宗教实践的基础——献祭那里,我们也可以发现它。"③ 献祭绝非单向关系,

---

① Giorgio Agamben, *The Sacrament of Language: An Archaeology of the Oath*, trans. Adam Kotsko, Standford: Standford University Press, 2011, pp. 43 – 44.

② Giorgio Agamben, *The Sacrament of Language: An Archaeology of the Oath*, trans. Adam Kotsko, Standford: Standford University Press, 2011, p. 66.

③ 〔意〕吉奥乔·阿甘本:《潜能》,王立秋、严和来等译,漓江出版社 2014 年版,第 199 页。

而是人在建构自我时的安置，通过献祭自然之身获得政治之身的承认与保护。其身体的两歧性或不在场的分裂状态，预示了他寻获超自然知识的过程，复归的政治身体却又以献祭裸体的方式显示自身的非人格权能。这种复归的不可归，决定了上帝的权威，也同时注定要从人的身体上抽离出一个有罪的隐形裸体。"救人的上帝就是把人遗弃的上帝，表象的事实（好像的事实）不能假装用来挽回救赎的现象。"① 从自然、上帝到语言，葛罗斯特在这三者的重影中不断徘徊于排斥地吸纳其生命的门槛上，他的身体因这境域而发出了有罪的鸣响，惊扰得他难以存活。他不仅洞察到自己的悲剧结局，也看到了其余众人的命运。"里士满那边还不是一样？天无偏倚，对我皱眉，对他也不会欢笑。"（565 页）诚如本雅明所言，这一刻"不是在法律而是在悲剧中，守护神（genius）第一次将它自己的脑袋从罪的迷雾中抬了起来，因为在悲剧中，魔化的命运出现了裂隙"②。

黑格尔之所以将莎剧区别于古代悲剧，是因为前者所表现的通常都是当事人物为实现自己的特殊目的而被置之不顾的那种现实存在的力量所粉碎。③ 有意味的是，黑格尔在将古代悲剧归属于永恒正义的表达时却将莎剧归属于刑法正义。也就是说，那种现实存在

① ［意］吉奥乔·阿甘本：《剩余的时间——解读罗马书》，钱立卿译，吉林出版集团有限公司 2011 年版，第 53 页。

② 参见 Marcus Bullock, ed., *Selected Writings.* Vol 1. , trans. Rodney Livingstone eds. , Massachusetts：The Belknap Press of Harvard University Press, 2006. p. 203. "再给我一匹马！把我的伤口包扎好！饶恕我，耶稣！且慢！莫非是场梦。呵，良心是个懦夫，你惊扰得我好苦！"参见［英］莎士比亚《亨利六世下篇》，《莎士比亚全集》（第七卷），章益、绿原译，人民文学出版社 2009 年版，第 562 页。在最后时刻，我们确实看到理查在门槛上犹豫不定地挣扎，既感觉到真理就在上帝那里，又感觉到这是一个蒙着面纱欺人的上帝。这似乎是理查最终的基督教化的忏悔或坦白，但这种"基督教中自我真相的产生和达到神圣光明的可能性相互联系"的动力机制，在福柯看来依然是一种自我治理的技术。也因此，理查依然陷入了执迷不悟的恶行之中。参见［法］米歇尔·福柯《自我解释学的起源：福柯 1980 年在达特茅斯学院的演讲》"导言"，潘培庆译，西南师范大学出版社 2018 年版，第 19 页。

③ ［德］黑格尔：《美学》（第三卷），朱光潜译，商务印书馆 1997 年版，第 327 页。

的力量导致的是刑法正义的确立,并对悲剧人物进行判决,由此才会出现酸辛的和解和理查不为人知的无辜。这也揭示了宗教神权与近代法权暧昧的接续关系。黑格尔在探讨悲剧时已经指出行为自身的转化过程,即正义之神和复仇女神一体两面的神话魔力,悲剧人物因错信其具有"双关意义"的知识而受到惩罚。① 这也暗示了悲剧内核源于有罪和无罪不可分的悖论门槛,也解释了莎剧为何会在神权生活里呈现偏出宗教意识的主体性自由。莎剧人物的心灵世界如同恩格斯思考的"没有意识的自然界"②,它赋予人物越出神权统辖的生活境域而对这一魔力困境进行自我沉思,在陷于罗网时还具有游戏命运的奇特觉知。借用梅洛–庞蒂分析艺术机制成因的话就是,"我们不知道我们要说什么,我们在说后才知道"③。理查通过排斥自然身体换取政治身体只能将自己推至生命与政治的互构悖论,即政治神学效力唯独以生产有罪裸体才能维持自身的虚构权力,这是超出现实而又管辖现实的法力运作的残酷法则,如福柯所言,"在斗争和真理之间重要和基本的关系,只是自我戏剧化,变得消瘦憔悴"④。在其中,自我处于一种濒临分解的情势中。然而也在同一时刻,以身体为起点的作为外部情感的生命"现象性"出现了。理查在即将失败之时依然在执着地寻找那个丢失的自我,就是在身体情态中展开的。

这正是死沉沉的午夜。寒冷的汗珠挂在我皮肉上发抖。

---

① 〔德〕黑格尔:《精神现象学》(下卷),贺麟、王玖兴译,商务印书馆 2010 年版,第251—252 页。

② 〔德〕恩格斯著,中共中央马克思恩格斯列宁斯大林著作编译局编译:《路德维希·费尔巴哈和德国古典哲学的终结》,人民出版社 2018 年版,第 44 页。

③ 〔法〕梅洛–庞蒂:《世界的散文》,杨大春译,商务印书馆 2005 年版,第 49 页。

④ 〔法〕米歇尔·福柯:《安全、领土与人口》,钱翰、陈晓径译,上海人民出版社 2010 年版,第 3 页。

怎么！我难道会怕我自己吗？旁边并无别人哪：理查爱理
查；那就是说，我就是我。这儿有凶手在吗？没有。有，
我就是，那就逃命吧。怎么！逃避我自己的手吗？大有道
理，否则我要对自己报复。怎么！自己报复自己吗？呀！
我爱我自己。有什么可爱的？为了我自己我曾经做过什么
好事吗？①

　　此时的自我就是与皮肉不分的"汗珠"，这并不是文学的隐喻，
而是列维纳斯思考的身体即置放的实存论事实，身体在身体之中的
"残酷"②。"逃避我自己的手吗？"回应的则是开篇"我既被卸
除了一切匀称的身段模样，欺人的造物者又骗去了我的仪容，
使得我残缺不全，不等我生长成形，便把我抛进这喘息的人
间"③。在理查那里，身体的显现与其物质性知觉相关，因为
"物质性并不显现为一种精神在坟墓或身体之囚禁中的偶然跌
落。物质性在其实存者的自由中，必然与一种主体的浮现相
伴"④，理查虽然感知到这一点，但随即又陷入门槛境遇中。莎
士比亚的《李尔王》《哈姆雷特》《裘里斯·凯撒》等作品都
可在阿甘本分析的"门槛"结构中得到透视，它使得政治神学
和戏剧语言之间获得了平衡。前者的暴力与后者的解暴力源于
歌德所说的"在不同任何宗教相关的情况下伴随宗教意识而发

---

① ［英］莎士比亚：《亨利六世下篇》，载《莎士比亚全集》（第七卷），章益、绿原译，人
民文学出版社 2009 年版，第 562 页。

② 如阿尔托所说，"我说的残酷是指事物可能对我们施加的、更可怕的、必然的残酷。我
们不是自由的"。［法］安托南·阿尔托：《残酷戏剧：戏剧及其重影》，桂裕芳译，商务印书馆
2014 年版，第 81 页。

③ ［英］莎士比亚：《理查三世》，载《莎士比亚全集》（第五卷），朱生豪、方重译，人民
文学出版社 2009 年版，第 457 页。

④ ［法］伊曼努尔·列维纳斯：《时间与他者》，王嘉军译，长江文艺出版社 2020 年版，第
31 页。

展的自由"①。这一自由使得莎士比亚在神学暴力和人类意志间窥探到构成悲剧的不可分界面，也同时创造了我们观察悲剧的距离。

---

① ［德］歌德著，杨武能、刘硕良编：《歌德文集》（第十二卷），罗悌伦译，河北教育出版社1999年版，第208页。

第 二 章

内部动物抑或外部动物:德勒兹与
阿甘本论巴特尔比的奇异性

　　20 世纪后期到当下文学出现了一系列奇异的文学人物,从卡夫卡笔下的乡村医生到贝克特的无个性的人,从穆齐尔的乌尔里希到品钦的斯洛索普,从乔伊斯的尤利西斯到马丁·艾米斯的托德,而他们的"一致性"都可与梅尔维尔的"独异者"巴特尔比产生共振。在赫尔曼·梅尔维尔(Herman Melville,1819—1891)那里,巴特尔比是一个由无属性、无性别、无差异和无所属格的零度点所构成的一个四散开去的秘密形象。吉奥乔·阿甘本(Giorgio Agamben,1942—)与吉尔·德勒兹(Gilles Deleuze,1925—1995)就此对巴特尔比现象提出了"非人性"问题,由此便出现巴特尔比的生命是否可分,人如何自我确证的困境。可以说,巴特尔比是现代社会的潜在"罪犯",因为"他自身具有森林中的古人的性质,承载了社会出现以前的这整个根本的古代特性,他同时又是一个反自然的个人。简单来说,罪犯难道不是反自然的自然吗?难道他不是畸形吗?"① 阿甘本与德勒兹对作为"反自然的自然"或"畸形"的巴特尔比的异同分析让我们看到:巴特尔比现象所具有的事件

---

① ［法］米歇尔·福柯:《不正常的人》,钱翰译,上海人民出版社 2003 年版,第 97 页。

性，正回应了其内部动物的出场，其动物姿态并不能被分有。

第一节　生命经验的丧失

梅尔维尔的短篇小说《抄写员巴特尔比》（Bartleby, the Scrivener, 1853）① 以离奇人物巴特尔比的"难解之谜"引发了德勒兹与阿甘本的研究。诉讼代理人讲述了巴特尔比的故事，故事在两人所构成的极点之间旋转，他们的关系是理解巴特尔比奇异性的关键。巴特尔比之所以使代理人震惊在于突然在某一天对后者的命令和要求只以"我情愿不"（I would prefer not to）或"我想不"（I prefer not to）进行回应，并且不带有一丝常人的不安，代理人为此感到绝望甚至逃离。然而，面对巴特尔比的这种古怪，代理人竟然也说"我渴望巴特尔比抗拒我。"② （梅尔维尔 2015：15，以下此书引文只标注页码）甚至于感到"一种迷信的东西在敲打着我的心扉。"（23）由此看，两者并非断然的主奴关系，而是如德勒兹认为暗含着互相转化的潜能，彼此反应并凝结出巴特尔比那无法穷尽的永恒姿态。

有论者认为代理人律师象征着美国资本主义经济与法律制度联合下的权力人，而巴特尔比则是这种关系奴役下的工具人。③ 我们甚至可以说代理人的其他三个雇员"火鸡""镊子"和"姜汁饼"也只是巴特尔比的隐秘替身，这些助手的绰号实际也孕育自机械的

---

① 小说讲述了巴特尔比在一家律师事务所给诉讼代理人当抄写员，但有一天突然停止工作并拒绝离开办公室。不论代理人问他什么，巴特尔比却总说一句话："我情愿不。"最终，巴特尔比在监狱中不吃不动直到死去。

② ［美］赫尔曼·梅尔维尔：《水手比利·巴德：梅尔维尔中短篇小说精选》，陈晓霜译，新华出版社 2015 年版，第 15 页。

③ Richard R. John, The Lost World of Bartleby, the Ex-Officeholder：Variations on a Venerable Literary Form, *New England Quartely*, 1997, Vol. 70, No. 4, pp. 633 – 634; David Kuebrich, Melville's Doctrine of Assumptions：The Hidden Ideology of Capitalist Production in "Bartleby", *New England Quartely*, 1996, Vol. 69, No. 3, p. 381.

办公事务。第一个雇员在下午工作时会"洒落吸墨水的沙盒；在修钢笔的时候，不耐烦地将其全部折碎……有时他站起来，靠在桌边，捶得纸张到处飞"（4），就在他工作能力严重下降时脸色反而最红亮，因此得名"火鸡"。而第二个雇员在上午工作时则经常会"猫腰趴在桌子上，张大双臂，抓住整张桌子挪动、摇晃，一个劲儿地在地板上摩擦"（7）。这张桌子成了超感觉的可感觉之物，似乎有一种难以捕捉的异样和不祥，他通过自己的机械天赋怎样也无法将桌子调整到适合他的高度，因而得名"镊子"。第三个雇员是个男孩，为消除办公生活的压抑，他经常会为前两个助手买一种小而辣的薄饼，由此得名"姜汁饼"。助手们被似乎具有生命的办公用具分有的处境，不仅抹除了他们的本真性存在，同时也暗示了对留下的痕迹进行解读的呼召。"火鸡"像太阳燃烧的脸、"镊子"白兰地般的性情，以及摆满各种坚果壳的男孩因与办公用具相融而闪着怪异的生命微光，助手是"我们与失去之物关系的形象"①。从三个雇员年龄递减的关系中也能感知到某种被遗忘之物的磁场效应。巴特尔比最后寓居办公室而不离去，则是那不可见的磁场极点上最后一个助手的余烬。然而，代理人将雇员们作为不和谐的拼图组合在一起只为了更高的办公效率，巴特尔比是他最后的一块拼图，"很高兴能找到一个外表如此沉着的人当我的抄写员，心想这可能会帮助修正'火鸡'的疯癫以及'镊子'的暴躁脾气"。（8）但代理人并未如愿以偿。② 那么，阿甘本与德勒兹从巴特尔比

---

① ［意］吉奥乔·阿甘本：《渎神》，王立秋译，北京大学出版社 2017 年版，第 52 页。

② 实际在整个小说的叙事进程中，我们看到的是一个既想要巴特尔比服从抄写，又在巴特尔比抗拒抄写时对其进行照料的代理人形象。这一代理人形象就是福柯所言的惩戒肉体的技术与调节生命的技术重叠在一起的国家技术理性。同时，巴特尔比的形象也对应了"从依靠酷刑的判决转入以个人情绪和冲动为基础的判决"的历史语境期。参见［法］米歇尔·福柯《必须保卫社会》，钱翰译，上海人民出版社 1999 年版，第 234 页；［法］米歇尔·福柯《自我解释学的起源：福柯 1980 年在达特茅斯学院的演讲》，潘培庆译，西南师范大学出版社 2018 年版，第 80—81 页。

的这种现象里要应对怎样的生命困境？

　　他们所要应对的是本雅明提出的"经验的贫乏"。本雅明认为经验的贫乏有其消极面和积极面。消极面在于人们没有可供交流的经验了，主体间的伦理密度与心灵私语丧失殆尽，现代人"像新生儿一样，正躺在肮脏的当代尿布上尖声啼哭"①。积极面在于它迫使人们进入"野蛮状态"，从零开始。巴特尔比分有了这种贫乏经验的两个面向，抄写员巴特尔比与无作性巴特尔比。② 那么，对于经验的贫乏与抄写员巴特尔比的关系又该如何理解？

　　此处的"经验"指人与世界关系的经验，唯有世界被作为对象进行认知，主体才能保持自身的同一性。世界和寓居其中的人之存在被主体的知识话语所消解，主体成为锚定世界的阿基米德点，但同时也蜕变为 T. S. 艾略特诗中有影无色的空心人。生命经验由此总以区分为其隐秘地基，这也是社会语言能排除个人言语从而建构稳定的意义坐标之原因。亚里士多德说："人与其他动物的真正区别在于只有人才能分辨好坏、对错、正义与非正义。正是在这些问题上的一致看法构成了家园或城邦。"③ 在此，以区分为地基的生命就是经验何以贫乏的原因，即必须在被分有中生命才能被政治体接纳。抄写员巴特尔比在阿甘本看来正是生命政治借资本与法律生产的看似真实但实属虚构的神圣人，政治体在悬置自身合法性的同时

---

　　① ［德］瓦尔特·本雅明：《写作与救赎：本雅明文选》，李茂增、苏仲乐译，东方出版中心 2009 年版，第 34 页。

　　② 也可以说，巴特尔比就是处在马克思分析的增势和去势或尼采思考的疲惫不堪和精力充沛的两种生命样态"之间"（处于同一世纪的马克思与尼采的思想经纬线，始终被一种无法穷尽的生命"现象性"所绘制，两者的思想存在着诸多交汇之处。尼采思考的"劳动是凝神与沉思的解体"呼应了马克思对劳动异化的批判），作为居间者的巴特尔比与让生命政治运转的"门槛"区域之间，存在着诸多有待探索的复杂关系形式。参见［德］尼采《重估一切价值》（上卷），林笳译，华东师范大学出版社 2013 年版，第 501—520 页；［德］卡尔·洛维特《从黑格尔到尼采：19 世纪思维中的革命性决裂》，李秋零译，生活·读书·新知三联书店 2006 年版，第 386—390 页。

　　③ 转引自［意］吉奥乔·阿甘本《幼年与历史：经验的毁灭》，尹星译，河南大学出版社 2011 年版，第 7 页。

对人进行象征性的无限切分，办公用具成为异己之物正源于权力自身的这种施魔效应。德勒兹将不断做出区分的共同体所依赖的这种逻辑称为树状系统，它"先于个体而存在，个体在一个指定的地点与这个系统融合在一起"①。阿甘本就此认为可区分为动物性与人类性的这一现状已是时代需要应对的困境，"在我们的文化中，任何事情的发生都端赖于生命的不可定义，然而，恰恰是因为这个原因，生命必须被不断地计算与分割"②。

阿甘本借亚里士多德看到人与动物都有肉身性的"营养能力"，也即肉体与大地陌异的亲和力。但亚里士多德认为动物这种短暂的植物性生命并不分享人类灵魂的理智，人凭后者摆脱有死，凭后者划分前者。③阿甘本进一步认为，生命自西方文明源起时就在本质上被分裂为二，身体与灵魂、活物与逻各斯、自然元素和超自然元素，简而言之就是内部动物和外部动物的区分。这一在生命里流动的界槛悬置了人的动物性，"以此打开了一个'自由而空无'的空间，其中的生命在一种例外状态中被捕获和丢弃"④。因此，生命政治是在持续生产外部动物的过程中确证着自身，一种被主人话语占用并被无限划分的空心人，由此出现了尼采批判的必须以奴隶等级为产物的亚历山大文化，一种表面上的乐观主义其背后却隐藏着"种族大屠杀的残酷伦理"⑤，也如阿甘本所思为大屠杀的发生做好

---

① 陈永国编译：《游牧思想：吉尔·德勒兹、费利克斯·瓜塔里读本》，吉林人民出版社 2011 年版，第 138 页。

② Giorgio Agamben, *The Open: Man and Animal*, trans. Kevin Attell, Standford: Standford University, 2004, pp. 13–14.

③ ［意］乔吉奥·阿甘本：《潜能》，王立秋、严和来译，漓江出版社 2014 年版，第 421—422 页。

④ Giorgio Agamben, *The Open: Man and Animal*, trans. Kevin Attell, Standford: Standford University, 2004, p. 79.

⑤ ［德］尼采：《悲剧的诞生》，周国平译，译林出版社 2014 年版，第 72 页。尼采同样也写道："人类由于智力的精细化而走向毁灭：在身体方面，也许还有道德方面。"参见 ［德］尼采《重估一切价值》（上卷），林笛译，华东师范大学出版社 2013 年版，第 507 页。

了准备①。内部动物则是这种空心人不断排斥的"动物性"，而后者却既在我们内部又出离我们，是我们存在的秘密。

我们在此沿用阿甘本讨论德勒兹时的说法将巴特尔比生命的这两种面向称为"活在外部的动物"与"活在内部的动物"②。生命政治正是建立在区分这两种动物的原初结构上。抄写员巴特尔比是活在外部的动物，它以抄写的方式为自己画出存在的圆环，处在永恒的被遗忘状态，而只说"我宁愿不"的无作性巴特尔比，则是其内部动物的低鸣，是它进入"野蛮状态"，从零开始其生命的证言。③

第二节　经验的重获：非潜能与内在性

我们在三种界面凝视动物：一是动物隶属于人类知识体系一支，作为"无机界"的物而被主体把握；二是动物虽与人类共同分享有机界的特征，但人类将自己安置在动物与神之间；三是动物完全独异于前两种权力的凝视之外，动物他者刺穿表象并与人具有同样的神秘，人在凝视动物时也被动物凝视。《荷马史诗》里的白马，但丁的《地狱篇》中将人缠绕的蛇，列斯科夫的"戴帽的熊"，劳伦斯的乌龟，卡夫卡遭遇的"耗子民族"，使

---

①　参见［意］吉奥乔·阿甘本《潜能》，王立秋、严和来译，漓江出版社 2014 年版，第262 页。

②　参见［意］吉奥乔·阿甘本《潜能》，王立秋、严和来译，漓江出版社 2014 年版，第423 页。

③　前面讲到本雅明思考的"经验的贫乏"，可以与后来吉登斯分析的"经验的存封"形成对照。吉登斯写道："现代性有着与社会再生产和自我认同相关联的控制取向，这两种取向在道德经验的层面上有一定的特殊后果。我把这些后果统称为经验的存封。这一现象与社会生活和自我的内在参照特征有着直接的联结。随着现代性的成熟，抽象体系在协调日常生活中各种各样的联系中，起着越来越广泛的作用。外部对这种反思性的组织化系统的"干扰"降到最低点。"巴特尔比的"我宁愿不"就是这一"干扰"。参见［英］安东尼·吉登斯《现代性与自我认同：现代晚期的自我与社会》，赵旭东、方文译，生活·读书·新知三联书店 1998 年版，第 175 页。

梅尔维尔惊异的白鲸都是动物的第三种凝视在文学里的呈现，其实质是人和动物共同分有的一种出离自身的梦幻能力，也即一种守护自身并构建未来的动物经验形式。德里达（Derrida，1930—2004）就此说道："越过边界或人的终结，我转向（/投向）动物：转到在其自身之中的动物。"① 在第三个界面上的动物正位于这一分界点上，它成为扰乱主体意识连续性的光点，人蠹立在与内部动物无法分辨的漩涡上。阿甘本与德勒兹从"非潜能"和"内在性"两种视域思考了内部动物如何取消生命政治制造的空心人即外部动物的过程。

他们二人都从巴特尔比不断重复的"我情愿不"的悖论性语言揭示内部动物。"情愿不"处于是和否之间，取消了陈述主体的同一性，因此句式中的"我"成为一个他者所不断借助的中介。巴特尔比这句话是语言不可区分性的本质呈现，并由此传染了"火鸡""镊子"和代理人，"不知为何，我最近养成了一个习惯，在不是很恰当的场合中不自觉地使用'宁愿'这个词"。（23—24）阿甘本认为："人可以通过语言显露存在，却不可能显露语言本身。"② 巴特尔比的启示意义在于语言创造着人，语言本身的透明也就指向了人是居于"无"中不可被命名的匿名存在，一种不可被切分的非潜能存在。抄写员巴特尔比"变成了写字板；如今他就是他的白纸"③。"有某种潜能、有某种能力就意味着：有某种丧失。"④ 非潜能正是触发巴特尔比感知自身丧失的来源，它是不可分割的内部动

---

① ［法］雅克·德里达：《解构与思想的未来》（上册），杜小真等译，吉林人民出版社2011年版，第112页。
② ［意］乔吉奥·阿甘本：《潜能》，王立秋、严和来译，漓江出版社2014年版，第22页。
③ ［意］乔吉奥·阿甘本：《潜能》，王立秋、严和来译，漓江出版社2014年版，第452页。
④ ［意］乔吉奥·阿甘本：《潜能》，王立秋、严和来译，漓江出版社2014年版，第294页。

物，是无法命名的自由本身。[①] 抄写与不抄写对应了潜能与非潜能，巴特尔比正是通过"我情愿不"把划分自己生命潜能的政治权力悬置了起来，"他的语言被转化为现象的天使和激情的纯粹宣告"[②]。非潜能使得内部动物解构了外部动物隶属于生命政治的关系，以"宁愿不"的姿态承受着一种非实体化超量。阿甘本这里讲的"非潜能"借助黑格尔的话会更易于理解，黑格尔认为理想的定性就是"永恒的无为自守的安静"，这种状态可显现为对一切的可能性，如古希腊神话里各不相同却都被自由所居有的诸神。"非潜能"即是这种神性般无为自守的安静，阿甘本就此说道："人是持有自己的非潜能的动物，其潜能的伟大是被非潜能的深渊所估量。"[③] 因此，一种无区分界面被打开，它永远象征了人的一种缺失，以无作性和闲散为构成要素的神性光环的缺失，一个不可挽救的生命形象，一种只是纯然活着的动物姿态。[④] 里尔克（Rainer Maria Rilke，1875—1926）有言："自由的动物／始终将自己的衰亡留在身后／前方有上帝／它若行走／则走进永恒／一如泉水奔流不息。"[⑤]

德勒兹在分析巴特尔比的语言时认为那"突如其来的结尾 NOT TO 使得被句子否定的东西变得捉摸不定，赋予了句式一种极端的品质，一种功能—极限"[⑥]。它不是在一个给定的综合平面上进行否

---

① Giorgio Agamben, *The Open*: *Man and Animal*, trans. Kevin Attell, Standford: Standford University, 2004, p. 92.

② ［意］乔吉奥·阿甘本:《潜能》，王立秋、严和来译，漓江出版社 2014 年版，第457 页。

③ ［意］乔吉奥·阿甘本:《潜能》，王立秋、严和来译，漓江出版社 2014 年版，第300—301 页。

④ Giorgio Agamben, *The Open*: *Man and Animal*, trans. Kevin Attell, Standford: Standford University, 2004, pp. 86 – 87.

⑤ ［奥］赖内·马利亚·里尔克:《杜伊诺哀歌》，林克译，重庆大学出版社 2015 年版，第41 页。

⑥ ［法］吉尔·德勒兹:《批评与临床》，刘云虹、曹丹红译，南京大学出版社 2012 年版，第 140 页。

定或肯定的选择，而是跃出平面并"挖掘出了一个不可分辨、无法确定的区域，这个区域在某些不被渴求的活动和某个受渴求的活动之间不断扩张……不是一种渴求虚无的意愿，而是意愿的虚无性增长"①。简言之，德勒兹认为巴特尔比的语言是一种外部语言，取消了在预设逻辑和选择逻辑下运行的一切言语行为②，让语言通过自身呈现其受辱和解体。与阿甘本不同，德勒兹并非要呈现居于非潜能的内部动物，而是要内部动物在其内在性平面上凸显自身。

德勒兹认为内在性平面是生命力量生灭与增减的超验领域，它在虚构出主客体的同时也敉平它们，因此是虚拟力量交错涌动的非实体化平面。巴特尔比就是这一光滑面上的"一个非特指的生命"，其不定冠词是超验之物的索引。③ 这种弥赛亚力量不仅让他如"神庙废墟上的最后一根柱子"（27），也让代理人"变成了一根盐铸的柱子"（11）。"我情愿不"中的"我"成为一个无法耗尽的他者。④ "我"不是一个能被有机化组织起来的器官，而是不断经验临界状态的"动物之灵"⑤。内部动物以一种非在场方式赢获了"我"和它的亲密性，"我"和它变得不可区分，有一种召唤与应答的关联。"我"应答的方式便是去生成内部动物，就如巴特尔比停止抄写以显示其动物姿态那样，他用白鲸的尺寸测度

---

① ［法］吉尔·德勒兹：《批评与临床》，刘云虹、曹丹红译，南京大学出版社 2012 年版，第 146 页。

② 这也是福柯所言的"没有任何一个主体可以从他自己的语言出发独自创造这个力量场；人们用任何方法在这个话语内部都不能控制和运行这个力量场"，而这个力量场形构的则是无所不在的"义务体系"。参见［法］米歇尔·福柯《安全、领土与人口》，钱翰、陈晓径译，上海人民出版社 2010 年版，第 3 页；［法］米歇尔·福柯《主体性与真相》，张亘译，上海人民出版社 2018 年版，第 18 页。

③ Gilles Deleuze, *Pure Immanence: Essays on a Life*, trans. Anne Boyman, New York: Zone Books, 2001, p. 28.

④ 参见［法］吉尔·德勒兹、［法］菲利克斯·迦塔利《什么是哲学》，张祖建译，湖南文艺出版社 2007 年版，第 511 页。

⑤ Gilles Deleuze, *Francis Bacon: The Logic of Sensation*, trans. Daniel W. Smith, New York: Continuum, 2003. p. 20.

着办公室外的那堵死墙。无作性巴特尔比因此与内部动物处于可感知的非定向态势，与其达成了一种非人性的默契。① 在德勒兹那里，内部动物是流动中的沙漠，外部动物则是对它不成功的投影。在内部动物的凝视中，我们不经意间瞥见了一个联结万物的宇宙瞬间，生命作为其中的一片胎膜铭写着它那闪烁的整体，生命本身的形式就是形式本身的运动。当华尔街上的人们将巴特尔比看作一个办公室里的"怪物"时也无意间戳中了生命的真相，也即在作为"罪犯"的巴特尔比"身上看到了在社会实体内部自然的回流"②。

第三节　作为姿态的见证事件

内部动物是人类在区分生命经验时遭遇的一道高墙，外部动物则是列维纳斯（Emmanuel Levinas，1906—1995）认为的生命政治的"安好意识"导致的结果，"不受任何记忆与内疚的束缚"③。于

---

① 参见陈永国编译《游牧思想：吉尔·德勒兹、费利克斯·瓜塔里读本》，吉林人民出版社 2011 年版，第 197 页。

② ［法］米歇尔·福柯：《不正常的人》，钱翰译，上海人民出版社 2003 年版，第 97 页。吉登斯写道："'经验的存封'这个术语指的是隐秘的联结过程，这一过程将日常生活的程序从下列现象中隔离出来：如疯癫、犯罪、疾病和死亡、性以及自然现象。"巴特尔比的"我情愿不"，就是作为内部动物的"自然现象"的原初显影。或者用尼采的话说，"一切病态状况的价值，在于用放大镜显示出某些常态的、但难以看出是常态的东西……"参见［英］安东尼·吉登斯《现代性与自我认同：现代晚期的自我与社会》，赵旭东、方文译，生活·读书·新知三联书店 1998 年版，第 182 页；［德］尼采《重估一切价值》（上卷），林笳译，华东师范大学出版社 2013 年版，第 502 页。

③ ［法］E. 莱维纳斯：《伦理学作为第一哲学》，朱刚译，《世界哲学》2008 年第 1 期。甚至最后不知巴特尔比是主动还是被动地进入监狱，都与列维纳斯所言的这一"安好意识"存在着关联性。另外，吉登斯指出，经验的存封"直接地是一种组织机构，是一种真正的心灵避难所（比如监狱和医院）……在日常生活层面上，现代性所把握的道德本体论的安全感，有赖于把社会生活从产生人的核心道德困境的基本生存观中排除出去的制度化做法"。参见［英］安东尼·吉登斯《现代性与自我认同：现代晚期的自我与社会》，赵旭东、方文译，生活·读书·新知三联书店 1998 年版，第 182—183 页。

是，在阿甘本与德勒兹看来，巴特尔比以自身内部动物的哑口姿态打破了这种安好意识。阿甘本认为"在每一个表达行动中保持不被表达的东西称作'姿态'"①，如静态雕像那不可被表达的运动就是巴特尔比的动物姿态。因为动物是自然无言的情感形式，是自然不借助任何知识话语而自显的媒介，也是自然与伦理间的一块反光剖面。

德里达讲动物不赤裸，因它没有关于赤裸的知识。人虽穿衣，但赤裸。排除主体无根基的赤裸性却受制于知识话语形构的权力之衣，解放与奴役一体两面。"赤裸"成为知识话语予以捕捉的虚空，它区分出有罪和无罪，禁忌与自由。阿甘本在此看到外部动物要获得其实存样式必以排除地吸纳内部动物为条件，非赤裸必以排除地吸纳赤裸确保自身的父法秩序。主体在消除其赤裸时也不断虚构出着衣的外部动物。但内部动物这种赤裸的"被抛"无法消除，人与动物都处在知识的零度点。这是当代理人帮助巴特尔比时他缄默不言的原因。这个用办公室虚构出的卡夫卡世界早已抹除了人的一切痕迹，只留下巴特尔比张口无言的姿态。梅尔维尔如卡夫卡一样把它固定下来，完成了对幽灵化现实的抵御。"对于已然使自然天性感受丧失净尽的人类来说，每一种姿态都成了一种命数。"② 这种姿态是遗忘之河的碎浪，却又被记忆的堤坝回弹，成为一种在擦抹自身的过程中呈现自身的事件，如弗洛伊德认为的在抑制中诞生的浮雕。这种姿态也让助手们感知到了自身被遗忘的命运，代理人恐慌地说："我一定要打发走这个疯子，如果我的员工和我本人的头脑没受影响的话，他早已在某种程度上感染我们的舌头了。"（24）这有"一种类似于动物姿态的美的、类似于示

① ［意］吉奥乔·阿甘本：《渎神》，王立秋译，北京大学出版社 2017 年版，第 109 页。
② ［意］吉奥乔·阿甘本：《无目的的手段：政治学笔记》，赵文译，河南大学出版社 2015 年版，第 68 页。

弱和威胁性的姿态的美"①。巴特尔比如本雅明所见,"即使安静地爬着,也会突然向遗忘抬起凶猛的前兆"。

代理人作为外部动物不断受到巴特尔比这只内部动物的灼伤,"一想到我和这个书记员的接触在精神上已经严重影响我本人,不禁感到颤栗"。(24)他不仅见证了巴特尔比的姿态,也与其生成着某种不可感知,"我又一次顺从了这个不可思议的书记员对我产生的那种莫名其妙的支配力"。(29)这种在生成中的不可区分性必然在切断线性记忆的事件中呈现内部动物,这是代理人讲述巴特尔比故事的根本原因。德勒兹块茎式的短期记忆正好解答了内部动物如何在一种非概念中被感知的记忆经验,"它可以在一段距离之外行动,在一段长时间之后到来或回归,但总是处于断续、断裂和繁殖的状况"②。它不屈从于树状的长期记忆,因为"树状系统是等级系统,带有意指和主观化的中心,仿佛有组织的记忆一样的中央自动控制"③。文学即如此,短期记忆渗透长期记忆,呈现生命的分子化运动。这是德勒兹说巴特尔比是个"医疗大师"、一个瞬间的原因,它治愈遗忘,如劳伦斯认为的记忆只是对没有实现的可能性的记录。内部动物不被树状记忆吸纳从而产生的不相容就使得见证处于未完成状态,"感觉因受到振动的感染,本身也产生振动。由于保存了振动,它也保存了自我:感觉是纪念碑"④。巴特尔比是动物姿态纪念碑,代理人说:"巴特尔比身上有一种奇怪的东西,不仅会消解我的怒气,而且会奇妙地感动我,使我困惑。"(梅尔维

---

① 转引自［意］乔吉奥·阿甘本《潜能》,王立秋、严和来译,漓江出版社 2014 年版,第 256 页。

② 陈永国编译:《游牧思想:吉尔·德勒兹、费利克斯·瓜塔里读本》,吉林人民出版社2011 年版,第 137 页。

③ 陈永国编译:《游牧思想:吉尔·德勒兹、费利克斯·瓜塔里读本》,吉林人民出版社2011 年版,第 138 页。

④ ［法］吉尔·德勒兹、［法］菲利克斯·迦塔利:《什么是哲学》,张祖建译,湖南文艺出版社 2007 年版,第 512 页。

尔 2015：11—12）①

　　阿甘本也分析了内部动物的事件性，但不同于德勒兹。阿甘本的非潜能是经验"无"的能力，但须分出其真实的一层。第一层是"神（身上）之地狱的根源，其中无被永恒地生产"，也就是虚构外部动物这种空心人的理性神学通过悬置自身而实施的暴力性；第二层是"要有能力消灭这个无，并任某种出于无的东西存在"②。借助科莫雷尔（Max Kommerell, 1902—1944），阿甘本认为前者是被消灭了的人类形象，而后者是"不说出意义且依然保持不可命名状态的东西"③。巴特尔比就在这两者的间隔中成就了他那动荡不定的静止姿态，是代理人惧怕的一个拒绝挪动的"漂泊者"，是朗西埃（Jacques Rancière, 1940—　　）认为的拒绝将自身呈现为可见形式的无分者之分的"空"④，是不归属于任何事件的事件，是无法被耗尽的非潜能的潜能。资本主义看似造就了急速运转的历史景观，但其背后却是被施咒而陷入沉眠的无人状态；巴特尔比虽然一动不动，但生命却在醒觉中无处不在，一个处在可感与可知间无法被生命政治赋义但本身又自在地增殖的"简洁"化形象⑤。巴特尔比从停止抄写到最后死于狱中，实际是任某种出于"无"的东西存在的一种症候，是对不可命名的非潜能的记忆与应答，即生命只有

---

　　① 确如劳伦斯所言："你不要在我的小说里找人物过去的那种稳定的自我（ego）。这里有另一种自我，在其作用下，个人变得面目全非，而且仿佛经历着同类异形的种种状态，需要我们有比过去更强的识别力，才能发现它们乃共有一个根本不变的成分……不要在小说的情节发展里寻找几个人物的轮廓：人物已经落入了某种别样的节奏形态，就像你在一只精细打磨的瓷盘上画一把提琴弓，那沙土不知会走什么样的纹路呢。"转引自［英］F. R. 利维斯《伟大的传统》，袁伟译，生活·读书·新知三联书店 2009 年版，第 32 页。

　　② ［意］乔吉奥·阿甘本：《潜能》，王立秋、严和来译，漓江出版社 2014 年版，第 452 页。

　　③ ［意］乔吉奥·阿甘本：《潜能》，王立秋、严和来译，漓江出版社 2014 年版，第 264 页。

　　④ 张昊臣：《艺术跨界：美学的危机或生机——以朗西埃对利奥塔的批判为中心》，《文艺理论研究》2017 年第 5 期。

　　⑤ Birgit Mara Kaiser, *Figures of Simplicity*：*Sensation and Thinking in Kleist and Melville*，New York：Suny Press, 2011, p. 96.

在什么也不是的极限运动中才能呈现其存在,是一条通往别处的通道。① 如列维纳斯所思,因出于"无"而保持完整,是绝对的他者。

巴特尔比从哑口到赴死的姿态不仅消灭了第一层的"虚"无,同时也见证了内部动物在第二层上与"无"的真实关联。"无"是内部动物在呈现欲望时的"有","它的名字叫正义"②。肉体消失,但生命未逝,留下踪迹,一种牵拉主体不断进行哀悼的不可见力量。"人们向着生活逃离生活。作为一种可能性,自杀是向这样一个存在者显现出来的:这个存在者已经处于与他人的关联之中,已经被提升到为他人的生活的高度。"③ 德勒兹认为巴特尔比是"新的基督",他的死是会结出许多籽粒来的麦子。遭遇巴特尔比的人因触碰到生命的非潜能而被其事件感染渗透,也就此与巴特尔比有了伦理牵连,这是代理人对他"负责"到底的原因,它"指的不是任何的确定性或特定的能力,相反,是投入其中,是整个地牵涉到它"④。巴特尔比的动物姿态的实质就是恢复生命经验的伦理姿态。

作者在故事的结尾透露了巴特尔比曾经模糊的生活,"巴特尔比原先是华盛顿死信局的低级职员……这些死信每年都一车车被烧

---

① 值得注意的是,巴特尔比的死依然是一种悲剧性的结果,不存在任何可浪漫化的意味。它更多涉及的是威廉斯所言的"我们时代的悲剧经验",处于现代社会的每个人,或多或少都有巴特尔比的"心结"。参见 [英] 雷蒙·威廉斯《现代悲剧》,丁尔苏译,译林出版社 2007 年版,第 53 页。

② [法] 伊曼纽尔·列维纳斯:《总体与无限:论外在性》,朱刚译,北京大学出版社 2016 年版,第 38 页。

③ [法] 伊曼纽尔·列维纳斯:《总体与无限:论外在性》,朱刚译,北京大学出版社 2016 年版,第 131 页。

④ [意] 乔吉奥·阿甘本:《潜能》,王立秋、严和来译,漓江出版社 2014 年版,第 292 页。这一点不同于代理人在帮助巴特尔比时所显露的"愈加令人生畏的模棱两可"的负责态度,因为它依然是福柯思考的持续追踪和锚定巴特尔比的调节生命的技术。代理人就处在这两种负责任态度所形构的精神漩涡之中。参见 [法] 莫里斯·布朗肖《来自别处的声音》,方琳琳译,南京大学出版社 2016 年版,第 93 页。

成灰烬。有时候，这个苍白的职员从折叠的信纸里取出一枚戒指——而原本可以戴它的手指已在坟墓中腐烂；或是一张钞票——而要接济的人再也不能吃饭或挨饿了；或是一纸谅解——而希望得到饶恕的人已在绝望中死去；或是一丝希望——为那在无望中死去的人送去的希望；或是几条捷报，为那在困厄中死去的人带来的喜讯。这些信带着生之使命，却奔向死亡"。（42）巴特尔比这个新的基督唤醒了那些在信中死去的动物姿态，它的句式道成肉身，生命在那些烧成灰烬的死信中复活。巴特尔比的奇异性也正端赖于其内部动物的出场，这只动物带着死的使命奔向生。代理人那像对折本一般的绿色屏风无法掩埋它。这一姿态也应和了德勒兹所说的："失去了参照，人的成长让位于一种新的未知因素，让位于一种非人的、无定性的生命——即乌贼——的秘密"①。

　　梅尔维尔的巴特尔比是文学星空中的一个极点，它散发的光晕使得生命在不断扩散的空间里持存，区分出内部动物与外部动物的流动门槛也在那里消失。当最后呼叫着"啊，巴特尔比！啊，人道！"的时候，梅尔维尔通过巴特尔比的动物姿态见证了人类动物性疾病的伟大真相。这种疾病是文学赖以生生不息的根源，而我们也如巴特尔比一般呼应着内部动物的塞壬之声②，这一"自然的回流"，其在上演变形记的生命形态，不为任何生命政治划分。

――――――――――

　　① ［法］吉尔·德勒兹：《批评与临床》，刘云虹、曹丹红译，南京大学出版社 2012 年版，第 160―161 页。

　　② 参见 ［法］莫里斯·布朗肖《未来之书》，赵苓岑译，南京大学出版社 2015 年版，第 3―13 页。

第二编

见　证

　　从现代性初期的莎士比亚到现代性激进期的梅尔维尔，作家一方面表现了门槛化的权力机制如何取消生命现象性的过程；另一方面也通过书写承担了见证不可取消的现象性生命的过程。自梅尔维尔在 19 世纪中期写出巴特尔比之后，我们实际已经进入了见证的世纪。① 换言之，生命政治的发生史，实际始终与作家见证生命现象性的书写相互交融。② 与此同时，生命政治的发生史，也伴随着科学实证主义的兴起，求真理的科学进入生命领域后③，就出现了尼采思考的由高级理性导致的生命贫困化和福柯所言的生命被构思为义务体系的纯粹材料，如我们分析巴特尔比时思考的，其背后隐藏着"种族大屠杀的残酷伦理"④。梅尔维尔 19 世纪中期写出的面对死墙的巴特尔比，最终就进入了 20 世纪初期的纳粹德国的集中营。生命政治的激进化过程，最终导致的将是纳粹大屠杀这样的历史浩劫，正如斯坦纳所言："我们不能假装贝尔森集中营与负责任的虚构生活没有关联。"⑤

　　作为处于晚近现代性激进期的巴特尔比，正处于福柯所分析的自 18 世纪末期发展起来的"训练—惩戒"技术和"安全—调节"

---

　　① 在这一历史时期中，马克思与恩格斯的共产主义运动、弗洛伊德的心理学革命、胡塞尔的现象学运动，实际都是见证生命"现象性"的历史运动。

　　② 后起的卡夫卡、康拉德、伍尔夫、纳博科夫等作家的创作都处在呼应这一历史意识的历史进程中。

　　③ 在莎士比亚所处的时期是求真理的灵魂忏悔学，这一点进入晚近现代性时期则演变成了福柯所言的"辩论的公开和内心确信的规则"。［法］米歇尔·福柯：《不正常的人》，钱翰译，上海人民出版社 2003 年版，第 95 页。

　　④ 福柯写道："在这个真相的问题里，重要的是一定数量的东西实际上被认为是真实的，主体应该或者自己生产这些东西，或者接受之，或者服从。于是，我们曾经和将要研究的是作为连接关系的真相、作为义务的真相、作为政治的真相，不是作为知识内容或是知识的形式结构的真相。"同时参见［德］尼采《重估一切价值》（上卷），林笳译，华东师范大学出版社 2013 年版，第 507 页；［法］米歇尔·福柯《主体性与真相》，张亘译，上海人民出版社 2018 年版，第 18 页；［德］尼采《悲剧的诞生》，周国平译，译林出版社 2014 年版，第 72 页。

　　⑤ ［美］乔治·斯坦纳：《语言与沉默：论语言、文学与非人道》，李小均译，上海人民出版社 2013 年版，第 11 页。卡夫卡的写作可以说是对斯坦纳这一观点的最佳佐证。

技术之间，二者都是绝对理性的衍生物。前者"围绕肉体，产生个人化的后果，它把肉体当作力量的焦点来操纵，它必须使这力量既有用又顺从"，指向的是不断抄写的巴特尔比，后者"集中纯粹属于人口的大众后果，它试图控制可能在活着的大众中产生的一系列偶然事件；它试图控制（可能）改变其概率，无论如何要补偿其后果。这种技术的目标不是个人的训练，而是通过总体的平衡，达到某种生理常数的稳定：相对于内在危险的整体安全"，指向的则是令雇员和代理人担心的只说"我宁愿不"的巴特尔比。[①] 集中营就在这两种技术的交叠处，巴特尔比的"我宁愿不"，与其觉察到的门槛处模棱两可的暴力有关。因为巴特尔比感受到这一不断在对其进行分解的异化力量，正如布朗肖所言，"威胁我们之物，正如服务我们之物，不尽是理性，更是理性多样的形式，是理性工具的加速积累，是理性化过程中合乎逻辑的混乱"[②]。而这一取消生命现象性的异化力量，或"合乎逻辑的混乱"，最终导致的则是阿甘本所言的集中营。

　　"在我们眼前已经发生的和仍在发生的，是例外状态的那个'司法性地空白'的空间，在该空间内，法律在其自身的消解状态中（即词源学上说的在虚构中）发挥效力。"[③] 阿甘本分析的在门槛情势中"法律在其自身的消解状态中发挥效力"，就是福柯所言的丧失控制的杀人权力。"这个杀人的权力穿越纳粹社会的整个社会实体表现出来，首先是因为杀人的权力，生与死的权力不仅仅赋予国家，而且给了一系列的个人，给了相当数量的人（如冲锋队、党卫队等等）。甚至至少，在纳粹国家中，所有人对他的邻人都有

---

① 参见［法］米歇尔·福柯《必须保卫社会》，钱翰译，上海人民出版社 1999 年版，第 234—235 页。

② ［法］莫里斯·布朗肖：《来自别处的声音》，方琳琳译，南京大学出版社 2016 年版，第 106 页。

③ ［意］吉奥乔·阿甘本：《神圣人：至高权力与赤裸生命》，吴冠军译，中央编译出版社 2016 年版，第 57 页。

生与死的权力，不管是否通过举报行动，它实际上会消灭或使人消灭你身边的人。"① 这是一个无面容的世界，或者说是一个众多面孔模糊不清的世界。也因此，加缪写道："我们生活在恐怖之中，因为说服已成了不可能的事情，因为人们已经将自己全部献给了历史，而已不再考虑同样真实的、在美丽的世界和众多面孔映衬下的自己的存在；还因为我们是生活在一个抽象概念的世界上，一个由办公室、机器、绝对思想和毫无差别的救世主思想构成的世界上。"② 处在"由办公室、机器、绝对思想和毫无差别的救世主思想构成的世界上"的巴特尔比，最后则衍变为莱维所言的集中营里的中性之人。从纳粹大屠杀浩劫幸存下来的意大利作家莱维，其回忆录最终就是要呈现"众多面孔映衬下的自己的存在"，或自己的存在就是"众多面孔"这一伦理事实。

莱维被划定为大屠杀文学作家，国内外对莱维的研究也始终与大屠杀文学自身学科范式的演变与方法论的更新相关，却忽略了莱维在危机文学史的整体脉络中具有的转折性位置，也即莱维通过自身的文学书写对危机、知识、生命现象性三者间微妙关系的洞察与转化。换言之，不论是纪实作品还是虚构作品，促使莱维写作的连续性推力，实际是作为科学家和文学家双重身份的莱维，对作为跨学科的生命现象性的体认。而这种"真理已经在惶惑不安的背后闪闪发光"的作为场量化的生命意识，成为莱维通过写作技艺，将危机转化为富含伦理真知的契机。选择莱维作为本编研究对象主要有三个原因。第一，从莎士比亚到巴特尔比，以门槛取消生命现象性的生命政治历史的最终结果是纳粹大屠杀的发生，而莱维是记载这

---

① ［法］米歇尔·福柯：《必须保卫社会》，钱翰译，上海人民出版社1999年版，第243页。

② ［法］阿尔贝·加缪：《加缪全集·散文卷Ⅱ》，杨荣甲等译，上海译文出版社2010年版，第87页。

一历史浩劫的亲历者和见证者。选择莱维的作品进行研究符合生命政治的历史过程。第二，从文学考古学和谱系学层面看，莱维受到从荷马、但丁到梅尔维尔、康拉德、博尔赫斯等作家的影响。对"分散在文学史中的莱维"的书写进行研究，不仅具有一种能够超出大屠杀文学进而勾连整体文学史的思维视野，也能够呼应文学批评的"当下性"研究。第三，将决定莱维作品思想中的生命现象性与晚近以来从拉康、朗西埃、阿多诺到列维纳斯等人的思想进行接通，阐明莱维的写作始终是一种见证无法被门槛捕获的生命现象性的过程，也即与外部相关的写作。

正如第一编的"门槛"部分，在生命政治从神义论到人义论的历史演变过程中，对生命的定位都涉及一种变量与不变量之间相互扭结的动态关系。如果说《理查三世》证明了阿甘本所言生命的"不透明性与其指涉对象的神圣化同比例增长"[1] 带来的暧昧不明的问题的话，那么处于门槛上的巴特尔比就确如布朗肖分析福柯的"疯癫"时所言，"揭示了理性的不纯粹性以及权力——此处指至高无上的权力——竭力与万物之间保持的含糊不清的关系"[2]。生命处在难以辨认的境地中的现状，实际揭示了作为流动的生命"现象性"，在权力无所不在但又难以定位的集中营里走向停滞的过程。生命在那里"没有任何中介缓冲"[3]，处在生死难辨随时可能陷入"活死人"的境遇[4]，就如莱维思考的灰色地带，"敌人在四面八

---

① ［意］吉奥乔·阿甘本：《形式生命》，载汪民安、郭晓彦主编《生产》（第 7 辑），江苏人民出版社 2001 年版，第 46 页。

② 参见［法］莫里斯·布朗肖《来自别处的声音》，方琳琳译，南京大学出版社 2016 年版，第 93 页。

③ ［意］吉奥乔·阿甘本：《神圣人：至高权力与赤裸生命》，吴冠军译，中央编译出版社 2016 年版，第 229 页。

④ 参见［意］吉奥乔·阿甘本《神圣人：至高权力与赤裸生命》，吴冠军译，中央编译出版社 2016 年版，第 178 页。福柯对生命政治制造"活死人"现象的分析可参见［法］米歇尔·福柯《必须保卫社会》，钱翰译，上海人民出版社 1999 年版，第 227 页。

方，也在内部，而'我们'迷失了它的限度"①。如果作为生命的
"现象性"想要流动起来，那么面对的则是惩戒和死亡，就如刚进
入集中营的新人之所以无缘无故地惹怒老资格的囚徒，原因只在于
"他似乎仍旧带着一点家的味道"②。集中营的生命政治就是通过制
造恐惧，截断一切有可能潜在溢出的生命现象性，截断生命与生命
之间所有能够心领神会的"交流"和"共通"，一种无法被耗尽的
外部性，如同南希所言的无法被挖空的剩余，终止暴力的回撤及无
法被暴力企及的逃逸之线。③ 故而，我们会分别从两个维度来探索
莱维如何在其回忆录中重新让这一作为外部的生命"现象性"流动
起来，也即莱维如何通过其书写见证生命"痕迹"或无法被生命政
治抹除的"活的东西"④ 的过程。

---

① ［意］普里莫·莱维：《被淹没和被拯救的》，杨晨光译，上海三联书店 2013 年版，第
22 页。

② ［意］普里莫·莱维：《被淹没和被拯救的》，杨晨光译，上海三联书店 2013 年版，第
23 页。

③ 参见［美］希里斯·米勒《共同体的焚毁：奥斯维辛前后的小说》，陈旭译，南京大学
出版社 2019 年版，第 224 页。

④ ［意］普里莫·莱维：《扳手》，杨晓琼译，中信出版社 2017 年版，第 65 页。

第 三 章

见证与控制:论普里莫·莱维的
"客观叙述"

在纳粹大屠杀浩劫中幸存下来的普里莫·莱维（Primo Levi，1919—1987）是战后西方思想界重审大屠杀事件无法绕过的意大利作家，其带有文学性质的回忆录深刻影响了对大屠杀创伤、记忆、伦理等问题的探讨。詹姆斯·伍德认为，因为有莱维从而让我们相信约伯真实存在过。托尼·朱特说："他的证言有一种第四维度，而这正是我所阅读过的同一类主题所缺乏的。"① 狄尔泰评述莎士比亚的话，在某种程度上同样适用于莱维，也同时可以解释朱特所言的"第四维度"，因为莱维"展示相当规模的贴切的、根本性的和完全积极的知觉图像，没有任何一个诗人的确切的图像的总和能与之相比"②。这里的诗人也可以认为是包括莱维在内的其他幸存的回忆录作家。幸存作家的回忆录之间，显然不能进行简单的排序，然

---

① 参见 Tony Judt, *Reappraisals*：*Reflections on the Forgotten Twentieth Century*，New York：The Penguin Press，2008，p. 56。莱维的作品不过分渲染痛苦，具有适度节制，流露着智性与道德上的真诚，因此能广阔接纳不同研究学科的切入视角，赢得了埃利·维塞尔、卡尔维诺、索尔·贝娄、托尼·莫里森、杰弗里·哈特曼、阿甘本等人的高度赞誉，成为大屠杀文学研究不断回望的标尺，其作品意义重大。关于莱维的具体介绍可参见 Sam Magavern, *Primo Levi's Universe*：*A Writer's Journey*，New York：Palgrave Macmillan，2009。

② ［德］威廉·狄尔泰：《体验与诗：莱辛·歌德·诺瓦利斯·荷尔德林》，胡其鼎译，生活·读书·新知三联书店 2003 年版，第 169 页。

而莱维在回忆录写作中的这一感性和理性配比如此均衡乃至精准的"积极性",却也有可能招致论者的某种批评,认为莱维克制创伤记忆,模糊伦理判断,施害者与受害者界限不明等。同是幸存者的让·埃默里(Jean Améry,1912—1978)认为莱维就是一个"宽恕者"。面对这些质疑,莱维认为自己是见证者而非法官,要通过作品将判断的权力交给读者。但问题是,如何确保千差万别的读者也是另一意义上的见证者经验事件本身的道德紧张,并同时构筑一种坚实开阔的伦理判断?由此,本章面对两个彼此互证的问题:一是莱维的回忆录如何通过其文学技艺让不可见的创伤经验客观可见?二是莱维在不持普遍道德断定的前提下如何吁求对大屠杀的客观伦理见证?概言之,我们要探讨的是莱维如何凭借文学手法赋予其回忆录以居中的客观视角,并借此在控制过量情感的同时给出不断增强的创伤经验与自为的伦理意向。

第一节 创伤的无意识转移:运动中的故事

克洛德·穆沙认为:"'见证文学'属于自传文学的范畴。其'真实性'的一个重要保证,就是作者不能容许自己拥有小说家那样的自由,不容许他的'我'一步跳入其他人物的'内部',把他们各自的主观世界一一呈现出来。但不应忘记,说到'见证文学'时,'自传'之所谓'自',与一般意义上的自我有很大不同。它所叙述的对象,是在一定的期间内……完全被外力所决定的一种生活状态;而外力之中最具决定性的因素,则是那些大规模、群体性、完全将主观个体淹没于其中的历史事件。"① 那么,什么样的文

———

① [法]克洛德·穆莎:《谁,在我呼喊时:20世纪的见证文学》,李金佳译,华东师范大学出版社2015年版,第18页。

学形式能够承担这一双重目的:既可避免主观情感的过度,又能呈现施予集体心灵的影响? 本雅明在《讲故事的人》中认为,一个好的故事不仅在于没有小说所侧重的心理分析,也在于能够给出不需要再解释的集体经验,故事"保留集中起自己的力量,即便在漫长的时间之后还能够释放出来"①。莱维选择以故事形式呈现集体性的创伤经验,如他所说:"我觉得把那些故事讲述出来能净化自己。"②那么故事如何意指这种普遍的、徘徊不定的创伤经验,以便在漫长的时间里依然"证实着"大屠杀,就如本雅明所说"当一个人复述故事时,无需解释?"③

　　在莱维看来,幸存的见证者如果想要准确客观地传达大屠杀这种不断纠缠自身且不断闯入当下的创伤经验"必须付出智力和道德上的努力"④。首先,弗洛伊德认为创伤是一种不能被意识吸收化解的冗余、是以不可预测且带有强迫重复的方式萦绕幸存者的经验。⑤其次,因为创伤"在被感受的时刻,是作为一种引起传统认识论动摇的非经验被铭记的"⑥。所以,当幸存者试图在表象逻辑下将创伤锚定在一个闭合的道德阐释链中时只会深化压抑,消弭创伤的事件性。在拉康看来,创伤处于语言能指链断裂的地方,是实在界显露自身的时刻。实在界只有在语言建构的象征界在其区分机制失效的情况下才在场,所以它是主体因不能刻录它从而遭遇到的一种本质

①　[德]瓦尔特·本雅明著,陈永国、马海良编:《本雅明文选》,中国社会科学出版社1999年版,第311页。

②　[意]普里莫·莱维:《元素周期表》,牟中原译,百花洲文艺出版社2015年版,第123页。后文出自同一著作的引文,将随文标出该著名称首字和引文出处页码,不再另注。

③　[德]瓦尔特·本雅明著,陈永国、马海良编:《本雅明文选》,中国社会科学出版社1999年版,第310页。

④　[意]普里莫·莱维:《被淹没的和被拯救的》,杨晨光译,上海三联书店2013年版,第8页。

⑤　参见[奥]西格蒙德·弗洛伊德著,车文博主编《精神分析导论》,九州出版社2014年版,第223—224页。

⑥　[英]安妮·怀特海德:《创伤小说》,李敏译,河南大学出版社2011年版,第5页。

性匮乏。为创伤找出缝合这种漏洞的道德话语就是陷于拉康认为的象征秩序。然而，与此同时，这种匮乏也是拉康伦理主体出现的条件，"在这种遭遇中，主体被要求以某种方式回应这种敞开的深渊"①。"伦理行动徘徊于由实在界所刻印的象征界的边界和以再现的方式进行填补但根本上总被实在界改变其目的之间。"② 因而这是一个不能被再现为在场且始终以不在场的方式作用于主体的"伦理运动"。由此，创伤必然以一种形式上一致但内容物不同的强迫性症状不断重复地显示其在场，也就是弗洛伊德认为的转移现象，即通过不断地转移对象来满足主体力比多投射的过程。莱维的"故事集"的书写形式正对应了大屠杀创伤不断转移的规律，也就是通过延迟创伤同一化的过程意指创伤的非同一性。故事因为没有详细的心理分析，人物间的关系就更加倾向于不可预测；因为居中的叙述视角，时间上的远近也变得恍惚不定。概言之，故事将世界放入运动。就此，詹姆斯·伍德评论道："莱维作品的卓越之处在于他非凡的叙事能力，这一点因为很多幸存者并不去讲述故事而更加突出。"③ 由不同小故事组成故事回忆录的叙述形式只是意识为了通过故事间的置换来摹仿无意识欲望的转移过程，如彼得·布鲁克斯认为："转移是文本性的，因为它通过象征形式、符号呈现过去。这样就使得'实际上'缺失的东西在文本性上在场。"④

《这是不是个人》是莱维战后以故事形式写的第一本回忆录作品，如他所说此书具有零碎片段的特点，并非依照逻辑顺序，而是

---

① Gregory Bistoen, *Trauma, Ethics and the Political Beyond PTSD: The Dislocations of the Real*, London: Palgrave Macmillan, 2016, p. 95.

② Gregory Bistoen, *Trauma, Ethics and the Political Beyond PTSD: The Dislocations of the Real*, London: Palgrave Macmillan, 2016, p. 103.

③ ［意］普里莫·莱维:《这是不是个人》，沈萼梅译，人民文学出版社 2015 年版，第 10 页。后文出自同一著作的引文，将随文标出该著名称首字和引文出处页码，不再另注。

④ Peter Brooks, *Psychoanalysis and Storytelling*, Cambridge, Massachusetts: Blackwell, 1994, pp. 53 – 54.

遵从自身的感性经验写成的。(《这》,第 2 页)在忐忑地参加"化学考试"的故事里,潘维茨博士以隔着鱼缸玻璃看鱼的方式望着他,但莱维却在博士的提问下忆起了他对考试的激情,如在寻找他前世做人的经历;在"夏天里的事情"中,善良的洛伦佐并没有将他看作被遗弃于世界之外的"中性的单一个体",他不计回报地帮助莱维;"快乐的一天"叙述了两个截然不同的情节,一个是莱维透过衣衫感受到的阳光,另一个却是他和难友们着迷地观望挖土机挖土的场面:他们如挖土机机械地在集中营劳动,而作为肉身存在的他们却不能如挖土机那般具有一种能持续下去且不衰变的阴森特质,暗示了死亡近在眼前。莱维转而在描述 "Muselmann"的故事里写道:"他们没有故事;他们沿着斜坡一直滑到底,自然地,如同小河流入大海。"(《这》,第 92 页)故事与故事间以非对称的关系相互粘连,并不闭合,是一些以极限速度在意识与无意识之间的驱力力场上跳跃的精神活动,创伤的经验强度在悬浮不止中扩展着其半径。

如果说莱维在《这》中是以受害者切身的遭遇呈现创伤的不可见,在《再度觉醒》里,他则以战后幸存者的经历面对这一问题。起初,"梦想家"里的幸存者泥瓦匠摩尔含混的愤怒还让我们对莱维所说的原始尊严有不解之感,但到故事"老路"中,我们才明晓七十多岁的摩尔是为了女儿活着,莱维说:"为了她,他一生劳苦,变得像橡子一样黑,像石头一样硬。"[1] 怀孕三个月的陌生女人曾经是莱维与阿尔贝托在集中营的梦中女神,眼噙泪水给他们送去面包的弗洛拉,再次看到她仿佛过了一个世纪;每个故事都是另一个故事的冗余或匮乏,莱维编织故事如裴奈罗珮织上又拆下的衣服,回

---

① [意]普里莫·莱维:《再度觉醒》,杨晨光译,外语教学与研究出版社 2015 年版,第142 页。后文出自同一著作的引文,将随文标出该著名称首字和引文出处页码,不再另注。

应着某种久未成形之物，意指无法进入视域的创伤之源。大屠杀"事件通过内部扩散，从一个故事扩展至另一个故事"①，不同的小故事在彼此渗透却不相融的过程中形成了一种彼此关联但有间距的张力关系，暗示了创伤经验徘徊不定的特质，如欧文·豪所言："倘若非接触这个主题不可，必须以擦边球的方式写作，保持高度的警惕，借助婉转的符号、间接的技法、迂回的叙述。"②

《元素周期表》直接以元素为故事引线，主要叙述了莱维战前与战后的经历。与前两本回忆录不同的是，他在这本书里更多地从边缘人物透视大屠杀造成的绵延不绝的辐射力。以生命的原始热情感染莱维并带他爬山、吃熊肉的桑德多让他了解了什么是真正的物质，却是游击队战死的第一人——被儿童行刑队从背后打穿了脖子；自己创造故事的波尼诺为了克服自己的过去，谎骗莱维说有从敌人那里得到的铀，实际却是镉；并不在乎莱维犹太裔身份的丽塔接受了他勇敢的邀请，一条连接二人脆弱但可通行的锌桥。《元》中的每个故事围绕一个元素的书写形式更是对前两本故事形式与创伤迁移之间呼应关系的总结：以一个故事隐喻一个元素并以此揭示创伤的迁移过程。莱维认为化学家与故事讲述者并不矛盾，反而能互相促进。作家莱维的故事同化学家莱维的元素一般变幻莫测，在不同的变量条件下能够迷惑读者与探测者，始终暗示了不在场的创伤以在场的方式萦绕生者的过程。他说："我常想我们探矿人以为自己是用眼睛、经验和技术找到金属，但真正引导我们的是一种更奥秘，类似鲑鱼返乡、燕子回巢的本能。"（《元》，第75页）创伤经验徘徊不定的特征就这样凭借故事与元素间亲缘的陌异关系呈现了

---

① ［意］伊塔洛·卡尔维诺：《新千年文学备忘录》，黄灿然译，译林出版社2009年版，第39页。

② ［意］普里莫·莱维：《若非此时，何时？》，翁海贞译，外语教学与研究出版社2015年版，第12页。

出来,某种更高的类似胚胎的东西不断从中挣脱而出。我们通过拜厄特引述布里克森故事中的一段表述来说明这一含义,"如果不是故事,人类早已灭绝,就像没有水人类无法存活。你将清晰地看到,真正故事中的角色,就像在发光,在更高的平面上,与此同时,他们看起来不那么像人类,你或许有点怕他们。这全都在事物的秩序之中……"① 莱维笔下的故事就如每个隶属于自然秩序的元素一般透着一圈幽灵之光,这样的故事承担了幸存的使命,其原因在于"回忆,尤其是进入故事讲述的回忆并非经验的胎膜,而是其二次变形:它使得经验得以可能,让实在的东西进入意识和词语表达"② 。这种实在的东西就是可以经验但无法理解的被动性与不确定,而对被动性与不确定的确切感知实际上已经是一种理解了③ ,故事"是耗不尽的"④ 。故事暗含一种排除个人主观意志从而让某种维系整体的伦理尺度浮现出来的意向,这种感受指明了一种更高的客观

---

① 转引自 [英] A. S. 拜厄特《论历史与故事》,黄少婷译,译林出版社 2016 年版,第 183 页。

② Geoffrey H. Hartman, *The Longest Shadow*:*In the Aftermath of the Holocaust*, New York:Palgrave Macmillan, 2002, pp. 158 – 159.

③ Geoffrey H. Hartman, "On Traumatic Knowledge and Literary Studies", *New Literary History*, Vol. 26 (1995), pp. 537 – 563.

④ [德] 瓦尔特·本雅明著,陈永国、马海良编:《本雅明文选》,中国社会科学出版社 1999 年版,第 311 页。也是在这里,我们实际看到了故事艺术的生成机制或者本雅明所言的"耗不尽"的原因,实际与本雅明思考的"灵晕"关联甚密。因为故事的灵晕与一种非意愿回忆的生产密切相关。本雅明对灵晕进行定义时用了"非意愿回忆之中自然地围绕其感知对象的联想""它所包含的对一个原始欲望的满足正是不断地滋养着这个欲望的东西""感觉我们所看的对象意味着赋予它回过来看我们的能力"等说法。换言之,故事能够自发地生成一种区别于机械记忆的发散性的非意愿记忆,而且这一灵晕化的非意愿记忆,也是一种自我增殖的微分化记忆。如果联系创伤的强迫性重复机制,那么通过故事形式复述发生过的历史,就能够与创伤无法稀释的强迫性记忆本身的微分化运动对应起来。原因在于,作为有所忆起但又被压抑的忆起,"只是一些更为精妙的审级的微分机制 [差异机制](移置与伪装)的结果",而它则源于"一种发问与提问的追寻力量",也即以一种见证不可见证的方式,重复"证实"着曾经发生过但又完全无法复现的事件。[德] 瓦尔特·本雅明:《发达资本主义时代的抒情诗人》,张旭东、魏文生译,生活·读书·新知三联书店 2014 年版,第 178—180 页;[法] 吉尔·德勒兹:《差异与重复》,安靖、张子岳译,华东师范大学出版社 2019 年版,第 190 页。

秩序，如赖尔所言，述说回忆"至多是传达已获知的经验教训的途径。因此回想是对已获知的东西的一种记忆。回想是在复习某种东西，而不是达到某种东西"①。

莱维三本回忆录中的每个故事都相当于一个变动中的元素，这些元素以星丛般的离散方式呈现某种聚合，但相互间并不构成统一项。卡夫卡有言："形式不是内容的外在表现，而是它的刺激，是通向内容的大门和道路。这种刺激发生了作用，隐蔽的背景也就显现出来了。"② 如果说单个故事是一个大写的能指，那么其内容意义就是所指。拉康认为，由于压抑能指无法直接指涉所指，因而能指只能以迁移的方式暗示所指的流动，从而逃过意识的审查，《一千零一夜》中为了避免死亡而不断延续自身的故事传统则应和了这一自身差异化的过程。"意义坚持在能指连环中，但连环中的任何成份都不存在于它在某个时刻本身所能表示的意义中。"③ 这是莱维为何会以故事形式呈现不能被象征秩序捕获的创伤的原因。这些不断流动的故事链，且链条彼此相连的地方实为斑驳模糊的区域所组成的故事结构也是化学家莱维对元素的直觉："不要相信'几乎一样''实际上相同''代用品'，以及各种凑合物。差异虽小，但可以有完全不一样的结局，像铁轨的转折点。"（《元》，第55页）——暗示了创伤总以一种无法除尽的差异化方式强迫重复自身。所以，缝合创伤的欲望只能以强迫重复的故事形式呈现自身。故事形式维持着这种悬而不定的创伤经验，与此同时，因为悬而不定，所以不断述说的故事也回应着一种更高的伦理诉求，原因正如威廉斯所说："对真理的追求是有外在障碍的，这个事实在如下意

① ［英］吉尔伯特·赖尔：《心的概念》，徐大建译，商务印书馆2005年版，第343页。
② ［奥］卡夫卡著，［捷］古斯塔夫·雅诺施记述：《卡夫卡谈话录》，赵登荣译，漓江出版社2014年版，第165页。
③ ［法］雅克·拉康：《拉康选集》，褚孝泉译，上海三联书店2001年版，第433页。

义上是我们的客观性观念的一个基础：我们的信念可以回应一个超越于我们自身决定的事物秩序。"①

第二节　修辞的效用：症状意象群与歧感性反讽

如果说莱维的故事形式能为我们提供一个观察人物与事件的客观距离，那么其修辞性语言则为我们建立了观察事件人物心理的客观距离。他说道："凡是谁想要让我们理解极庞大的事物有多庞大，或是极渺小的有多渺小时，都要尝试克服我们体内古老的昏聩；其次还要克服日常语言的匮乏。"② 如何在语言上呈现飘忽不定的创伤经验而不将其变为可把握的静态之物，对于大屠杀的幸存者而言始终是一个难题。在精神分析看来，创伤处在可言说与不可言说的门槛处，呈现它的语言不仅需要借助文学修辞，而且还要同时使读者对此达致一种客观认同。这样，痛苦就能在轻重之间获得其观察创伤的道德距离。

拉康认为弗洛伊德所说的无意识的"凝缩"与"置换"就是语言中的"隐喻"和"转喻"。其实质是要指明语言以其隐喻和转喻的方式意指不在场的无意识。我们集中以两例细致分析莱维的这种语言修辞。第一个场景是莱维在集中营时的经历：

> 那是我们，全身清一色的灰色，像蚂蚁那么小，又像能摘到星星那么高大，密密麻麻的一个挨着另一个，不计其数地麇集在整个原野上一直延伸到地平线；有时候融化成一种单一的实体，一种令人苦恼的混合物，在其中我们感觉被黏住了似的

---

① ［英］伯纳德·威廉斯：《真理与真诚：谱系论》，徐向东译，上海译文出版社 2013 年版，第 161 页。

② ［意］普里莫·莱维：《他人的行当》，徐迟译，中信出版社 2017 年版，第 184 页。

憋闷得透不过气来。(《这》,第60页)

　　"我们"被隐喻为蚂蚁、星星、实体、混合物,这四种性质各异的意象可以彼此代替下去,没有终结。被压抑之物正是以非实体的拓扑方式孕育出了连绵不绝的实体化隐喻,而这一如蚂蚁、星星等实体化的意象又维持了创伤无法敉平的症状现象。拉康认为:"所谓隐喻就是在症状中活动的象征的转移。"①南希和拉巴特对此有进一步说明:"'症状被规定'为用一个身体的能指代替另一个被压抑的能指,这一代替使得'意义不可能进入有意识的主体'。"② 换句话说,隐喻正是要绕过意识的审查机制以此凸显创伤的"溢出"。韦恩·布斯讨论过隐喻本身的"隐含"特性,即它呈现的是通过一种较少的字词传达更多的亚里士多德所说的能量的过程,并与此同时为说话人"塑造一种适当的气质(e-thos),形成或保持一种让人信任的性格"③。对布斯而言,这种性格是否令人信任依赖于读者对此做出的判断:隐喻的使用者"拉近我们或是疏远我们,这种亲密关系增加了我们的苦恼"④。隐喻不仅凸显了莱维经受的创伤经验,也在确证着他从大屠杀幸存下来的真切情愫。在《元》"铁"的故事的开篇,莱维这样形容初进入战争状态的世界,"大灾难的预兆像露珠般凝结在屋里、街头,在谨慎的言谈和昏沉的意识中"。(《元》,第33页)"露珠"在呈现创伤症状的同时也揭示了历史境域下道德真空的危机,大屠杀近在眼

---

　　① [法]雅克·拉康:《拉康选集》,褚孝泉译,上海三联书店2001年版,第270页。

　　② [法]菲利普·拉古-拉巴特、[法]让-吕克·南希:《文字的凭据:对拉康的一个解读》,张洋译,漓江出版社2016年版,第122页。

　　③ 参见[美]韦恩·布斯《修辞的复兴:韦恩·布斯精粹》,约斯特编,穆雷等译,译林出版社2009年版,第68—71页。

　　④ [美]韦恩·布斯:《修辞的复兴:韦恩·布斯精粹》,约斯特编,穆雷等译,译林出版社2009年版,第79页。

前。通过以上讨论，我们看到，作为象征界区分机制的话语秩序在隐喻的拓扑结构里只能遭遇无意义，换言之，修复创伤的强迫性意义冲动总是先行于对创伤的再现。因此拉康说道："人在隐喻中找到的是什么呢？如果不是绕过社会禁忌的障碍的力量又会是什么呢？这个给予压抑中的真理以场地的形式不正是表现了内含在它的身影中的驯服性？"[①] 创伤症状由此总是在象征秩序断裂的地方以其隐喻的意象呈现自身的溢出，"真理已经在惶惑不安背后闪闪发光"[②]。

隐喻"在两个能指之间发出，其中一个能指取代了另一个能指在能指连环中的位置，被隐没的那个能指以其在连环中的（转喻的）联系而继续显现"[③]。因此，症状还以转喻的方式显示自身的转移。我们在此分析莱维从集中营解放返乡路途中看到的一个场景：

> 一个车厢装满了奇形怪状的废铁。我们可以看出这些废铁原本一定属于被烧毁的乐器。车厢里还有几百个陶制的卵形笛。它们是唯一在大火中幸存下来的东西。另一个车厢里满是制式手枪，被火烧得熔成一团，锈迹斑斑。第三个车厢里装着一批弧形军刀，大火和雨水已经把它们永远焊死在刀鞘里。（《再》，第 213 页）

回响着大屠杀事件的乐器、手枪、军刀在这里以转喻关系抵制自身意义的生成，也就是让事件意义悬而未决以此指明缝合创伤欲

---

① ［法］雅克·拉康：《拉康选集》，褚孝泉译，上海三联书店 2001 年版，第 440 页。
② ［俄］费奥多尔·陀思妥耶夫斯基：《地下室手记：陀思妥耶夫斯基中篇小说选》，藏仲伦、曾思艺等译，上海三联书店 2015 年版，第 498 页。
③ ［法］雅克·拉康：《拉康选集》，褚孝泉译，上海三联书店 2001 年版，第 438 页。

望的强迫性重复，它们是大屠杀回忆无法消尽的余音。欲望"取道转喻这条小路，无限期地延异它自己，或者延异它的'终结'"①。转喻只是为了延迟欲望对象的出场，对创伤的修复以不断置换它的方式暗示了凭借转移过程呈现自身的不可修复的创伤。废铁、手枪、军刀组成的能指链漂浮在大屠杀事件流动不居的所指上，因为转喻的结构"表明是能指与能指之间的联结导致了可以使能指在对象关系中建立一个存在缺失的省略，同时又利用了意义的回指的价值来使能指充满了企求得到它所支撑的缺失的欲望"②。能指与能指之间的连结凭借的是所指，但大屠杀的含义由于溢出能指与能指之间的任何连结，就使得能指只能以不断被其他能指所置换的方式来暗示这一流动不止的所指。因此，创伤在转喻这里也表现为一种在断裂与缝合间充斥着张力缝隙的螺旋拓扑运动结构——展现无意识的能指链"不可以如其所是地登录在语言上……真理只能半说"③。流动不止的情感意义如果想要成为客观的，必须能够有艾略特所说的"客观对应物"（objective correlative）。艾略特的"客观对应物"主要指作家通过一组事物、一种情景、一串事件等方式唤起相应情感的过程，作品中的各种元素必然能够客观地与人物动机对应起来——"艺术的'不可避免性'在于这种外部事物完全适宜于这一情感"④。烧毁的乐器、卵形笛、手枪和军刀试图建立起的就是这种作家与读者、幸存者与另一幸存者之间的客观情感。这些微观实物在悲戚与素朴之间显露出一种庞大、一种萦绕、一种暗示，"传递

---

　　① ［法］菲利普·拉古-拉巴特、［法］让-吕克·南希：《文字的凭据》，张洋译，漓江出版社 2016 年版，第 25、99 页。

　　② ［法］雅克·拉康：《拉康选集》，褚孝泉译，上海三联书店 2001 年版，第 446—447 页。

　　③ ［法］纳塔莉·沙鸥：《欲望的伦理：拉康思想引论》，郑天喆译，漓江出版社 2013 年版，第 88—89 页。

　　④ T. S. Eliot, *The Sacred Wood*: *Essays on Poetry and Criticism*, New York: Bartleby. COM, 1999, pp. 47 - 50.

出了让读者即使'理解'不了也无法挣脱的辐射"①。莱维和同伴离开这列火车处在多瑙河河岸上时，看到薄雾中"七座桥，一座接着一座，都从桥的中段被炸断，残破的桥体垂入打着漩涡的河水中"，之后护卫他们的七名苏联士兵在空无一人的大道上"第一次乘电车，带着疯狂的热情，有几个人把身体伸出窗外欢呼着，而其他人则煽动和威胁司机继续加速"。（《再》，第213—214页）这些场景描写也再一次应和了莱维与同伴们虽脱离大屠杀却又不知所措的症状遗留，作为一种无法渗透的创伤残余只能通过渗透他物呈现自身，因为"一个痕迹只有在与其他痕迹联通时，才会开口"②。

　　莱维的三本回忆录也构成了一种尤利西斯式的流浪、归家、再流浪的叙述节奏，并且在与但丁《神曲·地狱篇》第二十六歌的共振中给出了其反讽姿态。如卡夫卡所言："没有观察距离，因此一切都没有把握，一切都在摇晃。"③ 反讽"能够缓和调节巨大的痛苦，这种痛苦能够使一切蒙上阴影，处于暗淡模糊之中"④。简言之，莱维的反讽一是为了控制情绪，即建立审视大屠杀的客观距离的过程；二是通过将集中营经历中彼此对立且有巨大差异的事物并置，制造出一种在人道与非人道间含混的歧义性，以此凸显大屠杀带给智性的考验。莱维描述，刚到集中营，党卫军"总是那么平静，令人信以为他们真的就像是在履行公务，天天如此。不过，雷佐在跟他的未婚妻告别时，稍稍多迟疑了片刻，他脸上就挨了他们一拳，被击倒在地"（《这》，第9页），莱维自问："怎么能不带愤

---

① ［德］胡戈·弗里德里希：《现代诗歌的结构：19世纪中期至20世纪中期的抒情诗》，李双志译，译林出版社2010年版，第170页。

② 转引自［法］让－伊夫·塔迪耶《未知的湖：普鲁斯特与弗洛伊德之间的秘密》，田庆生译，华东师范大学出版社2017年版，第69页。

③ ［奥］卡夫卡著，［捷］古斯塔夫·雅诺施记述：《卡夫卡谈话录》，赵登荣译，漓江出版社2014年版，第50页。

④ 转引自［美］韦恩·布斯《修辞的复兴：韦恩·布斯精粹》，约斯特编，穆雷等译，译林出版社2009年版，第98页。

怒地殴打一个人呢?"(《这》,第5—6页)突如其来的暴力与默然不安的宁静彼此融合,迫使每个难友都惊愕哑然。① 列成方阵点名抑或劳动归来都会有军乐队奏乐,或为感伤的民谣或为进行曲,音乐的抒情和机械的劳动相互交织使得心魂涌出一种紧张,犹如失重。"为了节省时间,许多人像野兽似的边跑边撒尿,因为五分钟之内就要开始分发面包,那神圣的灰黑色小方块。"(《这》,第32页)生命的被动在集中营达至临界。作为室长的一些德国人虽然"好打人……但是对色彩鲜艳的闪闪发光的东西,却怀有一种童心幼稚的喜好"。(《这》,第159页)而在德国姑娘谈论完节日计划后,莱维便目睹了圣诞节期间死于绞刑架下的难友。这些就是朗西埃认为的对惯常经验进行重新分配的"细微感知",拼贴在一起的异质性元素制造了一种不可通约的创伤效果。"不可再现物恰恰就在那里,存在于经验用固有语言自我言说的不可能性中。"② 在歧感性反讽中,遗忘与记忆间动荡不安的争执性强度走向增殖化。

朗西埃认为,艺术正是要回应联系的缺席(a lack of bonds)③,这也是拉康认为的通过切断象征秩序从而显示自身的实在界的回返。来自孚日山脉的农民安德烈死去后,"孩子们带着迷惑的好奇心去观察他的尸体,然后接着在角落里玩耍"(《再》,第22页),内外都是毫无节制的红色的施塔理耶达尔罗依的红房子与荒诞不经却被反复吟唱的《三角帽》穿插其中,死亡、儿童、红房子、帽

---

① 福柯分析的君主的复仇中的"惩罚的不平衡经济学",同样适用于莱维这里的叙述,福柯分析道:"这种经济学中最主要的部件不是尺度的法律:而是过分表现的原则。这个原则的必然后果,人们可以称之为残酷中的交流。"参见〔法〕米歇尔·福柯《必须保卫社会》,钱翰译,上海人民出版社1999年版,第90页。

② 〔法〕雅克·朗西埃:《图像的命运》,张新木、陆洵译,南京大学出版社2014年版,第165页。

③ Jacques Rancière, *Aesthetics and its discontents*, trans. Steven Corcoran, Cambridge:Polity Press, 2009, p. 57.

子，这些异质性元素在故事间的并置产生了一种包裹现实又剥离现实的魔幻效应，暗示了一种更高的关联，就是"必须让事件留在原因的悬念中，让事件通过足够理性的原则去反抗任何的解释"①。《元》借在锁闭与溢出之间的化学元素的两歧性呈现无法渗透的大屠杀事件，故事和元素间也形成了不同物象与事象间的交杂回环。在"钒"这个故事里，油漆由于添加了萘化钒无法变硬而意外遭遇米勒博士，后者却对奥斯威辛事件闪烁其词。油漆加钒无法硬化与米勒逃避过去形成呼应，人和历史间的责任关联亦如元素间的微妙反应，生成了一种游移不定的感知空间，让创伤在"不让自己被辨认出来的情形下重复自身"②。

　　"有越大的对立在运行着，也就越需要反讽，以便操纵、控制那些自行其是、竭力冲脱的魂灵。"③ 在莱维的反讽这里，主体在与实在界相遇的时刻确认了自身，它也是克尔凯郭尔认为的使得现象与本质彼此不再区分的反讽时刻。实在界以其反讽的方式呈现出它的可能性，这是对伦理责任的呼求，也是对凝视主体的他者进行回应。事实上，正如布斯提到的，在反讽中，反讽者与解释者、作者与读者同属一体，两个心灵以丢失个人身份的方式达到了一种客观的共鸣。④ 这也确实证明：见证大屠杀的过程同时也是通过艺术控制（artistic restraint）划定伦理界限的过程。

---

　　① ［法］雅克·朗西埃：《图像的命运》，张新木、陆洵译，南京大学出版社2014年版，第168页。

　　② ［法］让－弗朗索瓦·利奥塔：《后现代性与公正游戏》，谈瀛洲译，上海人民出版社1997年版，第208页。

　　③ ［丹麦］克尔凯郭尔：《论反讽概念》，汤晨溪译，中国社会科学出版社2005年版，第281页。

　　④ 参见［美］韦恩·布斯《修辞的复兴：韦恩·布斯精粹》，约斯特编，穆雷等译，译林出版社2009年版，第102—103页。对此问题的讨论还可参见 Robert Gordon，" 'Per mia fortuna…'：Irony and Ethics in Primo Levi's Writing"，*The Modern Language Review*，Vol. 92（1997），pp. 337 – 347。

第三节 碎片式评论：寻求整体的知性真诚

面对读者提出其作品没有强烈的仇恨问题时，莱维说道："我的讲述越客观、越冷静、越清醒，就会越可信、越有用。"（《再》，第225页）如果用奥威尔的话说，极权制度就在于毁掉有关客观真实的观念①，因此，在回忆大屠杀时，莱维从没有放弃马修·阿诺德所说的一种试图客观地"看清事物本身的原貌"的努力。这往往体现在他在讲述故事的过程中偶尔给出的简短而适度的碎片化评论。这些评论不单是从苦难的集中营经历获取的特定智识经验。更为重要的是，他的评论往往凝结着灾难过后对人类普遍经验富含教益的洞察，有一种知觉与记忆相互渗透的能量。②换言之，他的评论如同黏合剂一般，能够让未曾经历灾难的人因联系自身的生活经历而觉知到二者间休戚与共的整体性关联。③正如威廉斯所说："不管人类生活的某个日子可能已经是多久以前的事情，它也必定是某个其他人的今日。在这个观念下就不得不承认，一个人不可能暗中把更遥远的过去无保留地视为一个能够存在着不确定的事件和人的奇特领域。"④如果说故事形式与创伤修辞更多是对事件进行回忆时

---

① 参见［英］乔治·奥威尔《政治与文学》，李村捧译，译林出版社2011年版，第15页。

② 在这一点上，我们依然借用了狄尔泰对莎士比亚的评述。参见［德］威廉·狄尔泰《体验与诗：莱辛·歌德·诺瓦利斯·荷尔德林》，胡其鼎译，生活·读书·新知三联书店2003年版，第169页。

③ 伍尔夫的思考也可以佐证莱维冷静克制的书写风格背后的伦理情绪，她说道："人与人之间互相联合的所有纽带似乎都已经断裂，然而，某种控制必定还是有的——现在作家们正是不得不在这种彷徨怀疑和内心冲突的气氛中创作，而一首抒情诗的精致结构，已不适于包含这样的见解，正如一片玫瑰花瓣不足以包裹粗糙巨大的岩石。"参见［英］弗吉尼亚·伍尔夫《论小说与小说家》，瞿世镜译，上海译文出版社2009年版，第316页。

④ ［英］伯纳德·威廉斯：《真理与真诚：谱系论》，徐向东译，上海译文出版社2013年版，第210页。

采取的客观叙述，那么碎片化的评论则是在过去与现在之间建立客观联系的冥思，前者与后者水乳交融。大屠杀的记忆负担由此在莱维见灵见智的笔端变成了财富与种子①（《元》，第125页），而莱维的叙述自始至终都吐露着这一强烈的客观信念。

在"被淹没和被拯救的"故事中，莱维讲述了四个在集中营顽强生存的囚徒的故事。他看到，集中营淘汰可有可无的人，为了活下去，囚徒必须培养一种超常的应变能力。卑微的谢普谢尔，不放过能让他获得职务的机会。克制而谦恭的阿尔弗雷德，一旦成为化工编队的技术主任，便不会让任何竞争对手威胁到自己的地位。野性狡诈的埃利亚斯，只能依靠与自身不相称的缺陷才能活下去。不会向任何人透露心扉的"无所不能"的亨利，凭借对人性的利用，赢得了他人的信任。在这种境遇中，恒定的道德人格是不允许存在的，如莱维的观察："人类十分明显地存在着截然不同的两种类型：被拯救的和被淹没的"，这不仅是集中营的根本法则，在历史与现实生活中，也都有这种进行淘汰的动态的结构性现象。如在现代城市中人与人之间"转瞬即逝的交往形式……要求显示这种不经意的人具有复杂而高度熟练的自我管理能力"②，为的是不能出离于构型这一人际交往的利益组织体系，将自身被淘汰的风险降到最低。莱维说这就是"凡有的，还要加给他叫他多余，没有的，连他所有的

---

① 大屠杀的难以再现本身，导致出现了某种真实与虚构不分彼此的虚无主义态度。面对这一危机，桑塔格对加缪的评价，在更深的层面同样适用于莱维，"他从流行的虚无主义的前提出发，然后——全靠了他镇静的声音和语调的力量——把他的读者带向那些人文主义和人道主义的结论，而这些结论无论如何也不可能从其前提得出来。"桑塔格说的"这种从虚无主义深渊向外的非逻辑的一跃"，就源于伍德评述莱维时所言的"他在认知他人的过程中体验到的愉悦，以及他这种关注所具有的人性的辽阔"。参见［美］苏珊·桑塔格《反对阐释》，程巍译，上海译文出版社2003年版，第61页；［意］普里莫·莱维《这是不是个人》"见证的艺术"，沈萼梅译，人民文学出版社2015年版，第3页。

② 参见［英］安东尼·吉登斯《现代性的后果》，田禾译，译林出版社2000年版，第70—71页。

都要夺过来"。(《这》，第90—91页）这种在被征服者中间出现的对立与仇恨的现状，在其简洁精炼的评论中，不断将旁观读者的现实经验推到前景，模糊了集中营与日常生活之间断然有别的前见。鲍曼就曾分析过这种支撑现代权力社会的普遍性生存悖论，即"现代的、理性的、官僚化组织的权力有能力引导出与行动者的切身利益极度冲突、而在功能上又是实现其意图所不可或缺的行动"[1]。莱维适度的评论不仅让阐释大屠杀的意图面临困难，也让创伤依然维持着其特有的紧迫感，"这就好像一种在思想中收集起来的褶皱，能够防止过分匆忙的清晰性"[2]。他没有对这些囚犯做出任何的道德判断，而只是建立一种观察他们的客观距离。也就是说，碎片化的评论让囚犯作为一个整体在过去与现在的关联中凸显了出来。无法消弭的强迫性创伤，不断强迫着知性做出努力，而知性的真诚不断将创伤揭示为一种整体性的伤痕。特里林认为："我们恰当地称之为客观性的思想的目的最能充分地意识到对象的整体和全部存在。"[3]不论是集中营境遇，还是囚犯或施害者，莱维不会轻易略去那些在历史特定时段构成他们的隐藏性背景，相反，他让这些背景成为读者进行判断前无法避开的真实条件，可以说是另一种意义上的"缓刑时刻"[4]，其释放出的力量在时间上也是整体性的。

虽然集中营里的人类生活如莱维的观察，没有犯罪分子也没有疯子，"因为我们都是特定的人，而且我们的每一个行为，按其发

---

① ［英］齐格蒙·鲍曼：《现代性与大屠杀》，杨渝东、史建华译，译林出版社2011年版，第162页。

② ［瑞士］霍拉斯·恩格道尔：《风格与幸福》，万之译，复旦大学出版社2017年版，第8页。

③ ［美］莱昂内尔·特里林：《知性乃道德职责》，严志军、张沫译，译林出版社2011年版，第496页。

④ 参见［意］普里莫·莱维：《缓刑时刻》，谢小谢译，中信出版社2018年版，第3—5页。这一"缓刑时刻"本身的戏剧性及其真实的情感施为性如借用罗兰·巴特评述布莱希特的话，则"将观众带入一种更加深刻的历史意识中"。［德］贝托尔特·布莱希特：《陌生化与中国戏剧》，张黎、丁扬钟等译，北京师范大学出版社2015年版，第116页。

生的时间和地点，显然都是唯一可能发生的"。（《这》，第 101 页）也如阿伦特所言在集中营，"消灭人的个体性，消灭均衡地由天性、意志、命运形成的独特性，变成了人类关系中十分自明的前提"①。但是，碎片化的评论，让那些试图生存下来的囚犯所做出的努力，获得了一种道德深度与人性微光，善与恶的关系不是清楚了，而是稠密了。"在涵盖最丰富的信息的同时，把其中的乱波减到最小"②，这种知性上的节制实际已是一种先行的伦理意向。对事物与人的复杂性保持接纳时所袒露的智性上的真诚，使得伦理判断始终保持着自身的张力，按他的说法是要在文本间制造一种"紧急的秩序"（order of urgency）。③ 这样，一种论说文（Essay）所具有的不确定气质，就使得故事背景与人物关系变得更加可信了。"对论说文而言，非连续性是必要的，它的题材总是那种被带入停顿（standstill）的冲突。"④ 因此在谈到写作时莱维说道："绝对明晰的作品需要一个完全清醒的作者，而这与现实并不相符。我们都是由自我与本我、灵魂与肉体，以及其他的核酸、激素、遥远或是近期的记忆和创伤所组成的，所以我们注定从呱呱落地到进棺材都要带着自己的二重身。他是我们的一个无言、无容貌的兄弟，却参与了我们所有的行动，同时也会出现在我们所书写的每一页纸上。"⑤ 不仅对自己，他对集中营的生活和其中的人物，同样秉有这样真诚的看法，"坚持把我的同伴和我自己视为人，而不是物品"（《再》，

---

① ［美］汉娜·阿伦特：《极权主义的起源》，林骧华译，生活·读书·新知三联书店 2014 年版，第 567 页。

② ［意］普里莫·莱维：《他人的行当》，徐迟译，中信出版社 2017 年版，第 343 页。

③ 这一"紧急秩序"的产生，也可以理解为使自我得到扩展的"与他人相遇的经验"，托多罗夫借罗蒂的这一观点继续总结道："这种扩展更多的是将我们生存方式之外的一些新的生存方式纳入我们的意识。"参见 ［法］茨维坦·托多罗夫《濒危的文学》，栾栋译，华东师范大学出版社 2016 年版，第 114、115 页。

④ ［德］阿多诺：《作为形式的论说文》，常培杰译，《外国美学》2017 年第 2 期。

⑤ ［意］普里莫·莱维：《他人的行当》，徐迟译，中信出版社 2017 年版，第 260 页。

第 248 页），是他认为精神安放自身时应该具有的视角。"客观性是我们对客体对象的身份所表示的尊重，因为它的存在是独立于我们而实现的。最终，我们有可能以一种恰当的方式来看清对象的多重意义，可以超脱它本身的条件。"① 这也是萨特所言的 "艺术不会在介入时失去任何东西"② 的原因，要做的不是解析，而是凭借适当的介入将其放在合适的位置。这样不仅能让人与事保有自身的气圈，而且也能让其光谱辐射到当下。

这是一种让整体性描述与碎片化评论互相渗透的叙写风格，它的目的在于使文字间的作用不再是组织出一种意义，而是凭借文字"之间"分泌出一种徘徊不定的伦理意向，从而对读者的判断进行施压。"作家光知道真相还不够。他还必须感觉到所知的真相"③，也因此，它所寻求的客观性，是对关于大屠杀的一切客观表达的质问，是一种作证形式，"它对于在场的事物中那些不在场的事物非常警觉。因此，它经常能让你的意识感到吃惊，又不会被你在一个特定瞬间想象到的任何东西掏空用尽"④。虽然莱维的回忆录在故事与论说之间游走，但这反而能够凭借论说文自身的特点让在运动中的故事获得一种连续的调性，因为"论说文努力寻求在智识经验过程中它的概念的互惠作用……思想者事实上并不思考而是让自身进

---

① ［美］莱昂内尔·特里林：《知性乃道德职责》，严志军、张沫译，译林出版社 2011 年版，第 496 页。

② ［法］萨特：《萨特文论选》，施康强选译，人民文学出版社 1991 年版，第 105 页。

③ ［英］乔治·奥威尔：《政治与文学》，李村捧译，译林出版社 2011 年版，第 16 页。或者用萨特的话说就是，"纯粹的认识就是没有观点的认识……认识只能是在人们所是的被决定的观点中介入的涌现"。［法］让－保罗·萨特：《存在与虚无》，陈宣良等译，生活·读书·新知三联书店 2022 年版，第 383 页。

④ ［瑞士］霍拉斯·恩格道尔：《风格与幸福》，万之译，复旦大学出版社 2017 年版，第 10 页。借用巴尔特的说法则是，"当这种言语活动开始讲述、开始背诵真实的时候，它由于变成了一种自为的言语活动，便会出现被重新注入的、瞬间的二级意义"。参见［法］罗兰·巴尔特《文艺批评文集》，怀宇译，中国人民大学出版社 2010 年版，第 320 页。

人一个场域以寻求智识经验，且不阐明这种经验"①。在后期写作中，莱维并未改变这种论说方式。在《再》的"梦想家"的故事里，达贾塔虽然因忙于消灭臭虫而显得疲惫不堪、惹来他人的嘲笑，但莱维评述道："但之后是广泛的同情，还掺杂着一丝嫉妒，毕竟，在我们所有人之中，只有达贾塔的敌人是具体的、眼前的、实实在在的。"（《再》，第 103 页）又或者像在"从雅西到美苏分界线"的故事中所表达的不解那样：即使人类遭遇了如此多的挫折，但"在任何人类群体中，都有一个注定的受害者，那就是被大家瞧不起的那个人——这仿佛是一个古老的定律——所有人都会嘲笑他，传播关于他的愚蠢而恶意的流言蜚语，并出于某种神秘的默契，向他发泄怨气和伤害他人的愿望"。（《再》，第 206 页）最终，如化学家莱维看到的元素一样，人与环境间的关联不是沉淀下来的静态性事物，而是在动态中互相扭结的变量因子，熟悉与陌生彼此之间存在着突变的可能。莱维的笔锋就在捕捉着这一难以察觉的伦理事件，而这一让熟悉的事务变得陌生的能力，或"激起的令人困惑的、探索性的思想和感情的内在体验"②，就使得莱维的书写再次赢得了一种客观观察的伦理距离，也再次让读者对于稀松平常的事务中可能潜藏的暴力形式，有了一种直感上的洞察。③ 莱维通过聚焦二者变幻难定的客观反应，自为地呈现出一种试图修复创伤的伦理姿态。虽然他在《元》"钒"的故事里再次遇到的纳粹米勒博士对奥斯威辛所作的辩解是不加区分的"人类的邪恶天性"，但莱维之所以重新联系这个迫害者是因为"我感兴趣的是他这个人而非这对手"。（《元》，第 188 页）这种客观叙述所要应对的正是在不分

---

① ［德］阿多诺：《作为形式的论说文》，常培杰译，《外国美学》2017 年第 2 期。

② ［英］乔治·奥威尔：《政治与文学》，李村捧译，译林出版社 2011 年版，第 14 页。

③ 这里确实可以借鉴鲍曼的思考，莱维对熟悉与陌生间的这种并非泾渭分明的觉察及其"停顿"，是在形塑一种客观的见证过程，参见［瑞士］彼得·哈夫纳《将熟悉变为陌生：与齐格蒙特·鲍曼对谈》，王立秋译，南京大学出版社 2023 年版。

文化、历史、信仰等经验因素制约的前提下抹平个体复杂性的纳粹法西斯主义。换言之，只有真实还原大屠杀背景下那一个个独具生命的个体故事，才能建立起评述大屠杀的客观性距离①，也就是凭借重新赋予面纱从而揭开面纱的过程。这就是阿多诺所说的："表述的非同一性意识和题材驱使表述作不懈的努力。"② 这种不懈的努力在莱维那里因不会凝固而显得轻盈，仿佛一种运动的"空"，以致"足以形成一股能够支配整个客观存在的力量"③。

真诚的知性淬炼了情感的韧性，节制的情感扩展着知性的边界。正如欧文·豪所言莱维的作品会让人感到"隐而未发的冥契"一样，其在回忆录写作中，感受到的不是漫溢开来的情感，也不是"一视同仁"的理性，相反，在故事描述与碎片化评论互相渗透的作用下，获取真相的知性让情感学会了节制。节制并非掩藏情感，节制让情感动荡不定。同时，莱维的语言风格也显露出一种古希腊式的素朴与柔和，素朴的事物让人感到沉稳与限度，柔和的事物让人感到自由与宽广，这是怀有共同体意识的语言风格。④ 最终，我们可以说，碎片式评论，即不断将大屠杀事件与脆弱的共同体关联起来的知性真诚并未放弃理解事件的意义，而是让事件成为任何共同体都无法回避的伦理测度点，如约翰·邓恩的诗中所言：

没有人能自全，没有人是孤岛，每人都是大陆的一片，要

---

① 由个体透视整体还可参见［美］玛莎·努斯鲍姆《诗性正义：文学想象与公共生活》，丁晓东译，北京大学出版社 2010 年版，第 108 页。

② ［德］阿多诺：《作为形式的论说文》，常培杰译，《外国美学》2017 年第 2 期。

③ ［法］阿尔贝·加缪：《加缪全集·散文卷 II》，杨荣甲等译，上海译文出版社 2010 年版，第 394 页。

④ 参见［法］雅克利娜·德·罗米伊《古希腊思想中的柔和》，华东师范大学出版社 2016 年版。或用萨特的话说就是，"美在这里仅是一种柔和的、感觉不到的力量……它在人们不知不觉中改变人们的意向"。参见［法］萨特《萨特文论选》，施康强选译，人民文学出版社 1991 年版，第 104 页。

为本土应卯……

　　任何人的死亡，都是我的减少，作为人类的一员，我与生灵共老。①

---

　　① 转引自［美］海明威《丧钟为谁而鸣》，刘春芳、李岩峰译，人民文学出版社 2015 年版，第 1 页。

第四章

从元素知觉论普里莫·莱维幸存回忆录中的肉身"即刻性"伦理

　　纳粹大屠杀的特殊性在历史知识话语中已被等同于"恐怖"与"不可理解",以致其中含有的欲说还休的伦理意味已成为人们回避这一浩劫的方便理由。感觉上的极端与理性上的溢出,虽是探究事件伴随始终的情感经验,但逐渐在其话语定势中,塑形为一种静态化的定论,衍变为后来者望而却步的历史禁区,回避了事件之特殊性与生活世界间千丝万缕的关联。为了避免这一可能发生的背道而驰与束之高阁的历史误区,从奥斯威辛幸存的意大利籍犹太人普里莫·莱维(Primo Levi, 1919—1987)的《这是不是个人》(*Se questo è un uomo*, 1947)与《缓刑时刻》(*Lilit e altri racconti*, 1981)的回忆录书写,无疑成为见证事件的活的档案,引发了来自战后西方智识世界不同学科连绵不绝的回音。阿甘本(Giorgio Agamben)在分析此浩劫的研究成果中为此评估道:"普里莫·莱维是最完善的见证者案例。"[1]

　　这一在开启的同时又闭合的使人难以释怀的见证性卷轴让欧文·豪(Irving Howe)坦言:"他知道有些事可以说,有些事不可

---

[1]　Giorgio Agamben, *Remannts of Auschwitz: The Witness and the Archive*, trans. Daniel Heller Roazen, Zone Books, 2012, p. 16.

以说。他用清雅简洁的散文，鲜少追求'大意义'或'超越'的雄辩"①；朗格（Lawrence Langer）认为写作起始，比起试图去理解事件，莱维更为关注的是让读者芒刺在背，在死亡集中营给人类行为光谱新增的道德阴影中思考发生了什么②；"在声音和沉默、出场和离席，以及生与死之间的切换"自如，詹姆斯·伍德（James Wood）更是慨叹莱维的字里行间，充盈着一种波澜不惊的道德反抗③。尽管以上评论所凸显的莱维回忆录中的这一不可让渡的精微均衡感源自莱维卓越的智识经验，但过度强调这一点往往会遮蔽渗透在回忆录里更为原初，也更为紧迫的肉身"即刻性"（immediacy）问题，后者与事件有着更为切肤的关联。

利奥塔（Jean-François Lyotard）认为，见证纳粹大屠杀，一个悖论性的问题就在于事件要求见证者呈现但无法呈现的感觉施压状态及其事件带来的摧毁一切伦理坐标的超出刻度（off-scale）的事后性。④ 见证者一旦承担起见证的任务就必须避免将见证简化为再现，将动词缩减为名词。循名责实，再现是让某物从背景里浮现出来的表象化过程，因为，再现从定义上讲必然预设了再现行为与被再现物间不可穿透的距离。⑤ 在此意义上，真确地见证意味着置身其中，而大屠杀能否被见证的一个至关重要的判断依据，就在于见证者能否准确传递出这种充溢着情感强度，但又无法置身事外的肉

①　［意］普里莫·莱维：《若非此时，何时？》，翁海贞译，外语教学与研究出版社 2015 年版，第 6、7 页。

②　Lawrence Langer，"The Survivor as Author：Primo Levi's Literary Vision of Auschwitz"，in Risa Sodi and Millicent Marcus，eds.，*New Reflections on Primo Levi：before and after Auschwitz*，New York：Palgrave Macmillan，2011. p. 134.

③　参见［意］普里莫·莱维《这是不是个人》，沈萼梅译，人民文学出版社 2015 年版，第 7、14 页。

④　Jean-François Lyotard，*The Differend：Phrases in Dispute*，trans. Georges Van Den Abbeele，Oxford：Manchester University Press，1988，p. 56.

⑤　Berel Lang，*Holocaust Representation：Art within the Limits of History and Ethics*，The Johns Hopkins University Press，2000，p. 51.

身"即刻性"问题。

因而最终本章将要论证的问题是，如以肉身即刻性为源点，莱维的回忆录要凭借怎样的知觉策略，才能从浑浊难明的集中营经历过渡到一种基于肉身而来的更为原初的均衡性见证？换言之，见证如要避免再现对事件的象征化缝合并通过张弛有序的扩散呈现事件本身的严重性，那么，回忆录中怎样的震荡性常量才能够传递这种岌岌可危的肉身即刻性现象？根据对作家莱维的回忆录考察，并借助列维纳斯（Emmanuel Levinas，1906—1995）对元素的现象学分析，既能呈现紧迫性又能给出伦理见证的这一中性之物，实际就是化学家莱维无所不在又力透纸背的"元素"知觉。[①] 由此，文本摆脱了静态记录的信息功能，转向了事件性的动态刻录，在一种惊人的历久弥新中，幸存者莱维的回忆录让不同身份的读者因置身其中的绝对客观性而被"感染"，并作见证。

第一节 消解外在性：从无用的暴力到被穷竭的元素

纳粹大屠杀幸存者让·埃默里（Jean Améry）并不同意阿伦特就艾希曼案件得出的"平庸之恶"这一观点，他说道："当事情挑战我们的极限时，要谈的不可能是平庸，因为这里不再有抽象，也没有逐渐接近现实的想象力。"[②] 换言之，埃默里反对阿伦特的地方在于，"平庸"一词还不能准确描述一个党卫军官员的行为所导致的后果，只有在与现实的"亲身"接触中才能理解那要多于平庸一

---

① 虽然莱维本人的职业是化学家，但这却成为作家莱维写作的另一重身。他说："我之所以写作，正因为我是个化学家；我的旧行当与我的新行当水乳交融。"参见［意］普里莫·莱维《他人的行当》，徐迟译，中信出版社2017年版，第289页。同时，莱维记叙战前与战后的回忆录《元素周期表》更能具体而微地说明莱维文学与化学的混合身份。

② ［奥］让·埃默里：《罪与罚的彼岸：一个被施暴者的克难尝试》，杨小刚译，鹭江出版社2018年版，第61页。

词的东西。因此，埃默里说道："一切都自然而然，但只要我们被撞进了现实，现实之光使我们盲目，直到把我们伤得体无完肤，就没有任何事情理所当然。"[①] 同样地，对莱维而言，这种不是理所当然的事情，首先不是一个伦理问题，而是一个"亲身"性问题。历史现实是，从沿途疯狂捕获到精准投放至奥斯威辛的整个法西斯运动，给囚犯带去的不是单义的政治压迫，而是一点一滴地对肉身进行循序渐进的复义化清洗过程，屠杀行动实际从抓捕的一刻就已开始发生。

对亲身经历浩劫的莱维而言，大屠杀事件不是一个认知性的恐怖结果，而是一个岌岌可危的肉身化恐惧过程。作为文学家的莱维在回忆这一经历时，实际上端赖的却是化学家莱维的感知结构，即肉身本已是"环境"的这一觉识。将肉体理解为由元素孕育并撑起的环境，在于指明肉身与世界的"介入"关系，在于指认肉身"依附于外在性"[②] 这一不可回避的实在。肉身即水、空气、食物、阳光这些绝对暴露在外的物性现实，而这种养育且沐浴着自我，并让自我从晦暗不明的质料中滋生出一个肉身的元素基元，正是列维纳斯所言的"置身其中，恰恰有别于'思考'"的条件和在先性。[③]肉身正是后者在"我"这里驻留的片刻，后者的稀薄与丰盈决定着"我"的生死。在临近遣送的前一夜，看到正为旅途准备食物的母亲们时，莱维问道："假如明天他们把你们和你们的孩子一起处死，

---

① ［奥］让·埃默里：《罪与罚的彼岸：一个被施暴者的克难尝试》，杨小刚译，鹭江出版社 2018 年版，第 62 页。正如斯坦纳所言，"有证据表明，一种对于文字生活的训练有素而坚持不懈的献身以及一种能够深切批判地认同于虚构人物或情感的能力，削减了直观性以及实际环境的坚利锋芒。"［美］乔治·斯坦纳：《语言与沉默：论语言、文学与非人道》，李小均译，上海人民出版社 2013 年版，第 11 页。

② ［法］伊曼纽尔·列维纳斯：《总体与无限：论外在性》，朱刚译，北京大学出版社 2016 年版，第 107 页。

③ ［法］伊曼纽尔·列维纳斯：《总体与无限：论外在性》，朱刚译，北京大学出版社 2016 年版，第 110、118 页。

难道今天你们就不给他们吃东西了吗?"①

内在于元素的肉身同时也揭示了肉身难以企及的外在性,以及自然随其外展的不可被表象所统括的伦理边界。列维纳斯说道:"断言人内在于制约他——支撑他和包含他——的世界……意味着肯定事物与人相对而言具有外在性。"② 然而,相比于对结果性恐怖的关注,人们往往忽视的,就是法西斯从旅途的闷罐车一直延续到集中营的,对作为肉体条件的这一元素基元的注销行为,其所呈现出的特征却又并非具体而微的政治指令,而是莱维在评论集《被淹没和被拯救的》中所言的,不受约束却又如影随形的"无用的暴力"。

在回忆录中,莱维叙述了在五天毫无目的的旅程里,作为元素性的肉身如何从"每当火车靠站,我们都大声嚷嚷着要喝水,哪怕是给一把雪,可是很少有人听见我们喊叫,押送的士兵们驱赶着任何妄图走近列车的人",到当从列车下来进入一间大屋子时,结果却是"我们疲惫地站在那里,一只自来水龙头滴着水,而水却不能喝……时间一点一滴地流逝着"的生理困境。③ 在评论集里,莱维将这一旅程不断拉长,空间不断缩小,人数越来越多,而食物、空气、水从日渐匮乏到德国当局故意断绝沿途补给的一列列遣送囚犯的闷罐车厢,看作第三帝国押送人体物资的"流动的监狱",很多人因缺乏这些基元性元素的供给而在沿途遇难。④ 将肉身这一环境性存在清空的过程,实际是将肉身与托举肉身的元素基元割裂开来

---

① 〔意〕普里莫·莱维:《这是不是个人》,沈萼梅译,人民文学出版社2015年版,第4页。

② 〔法〕伊曼纽尔·列维纳斯:《总体与无限:论外在性》,朱刚译,北京大学出版社2016年版,第111页。

③ 〔意〕普里莫·莱维:《这是不是个人》,沈萼梅译,人民文学出版社2015年版,第7、12页。

④ 〔意〕普里莫·莱维:《被淹没的和被拯救的》,杨晨光译,上海三联书店2013年版,第118—121页。

的行为。列维纳斯讲道"任何关系或占有都处于不可占有者之内，后者含括或包含（前者），却不能被包含或含括"①，肉身就是深度自身。也因此，与大地不断分离的闷罐车厢，不仅加深着囚犯的生理痛苦，也加剧着其心理痛苦。更为致命的是，与日常可见的暴力行为不同的这些无形的暴力，并没有可以遵循的经验线索，它起到的作用只是隐蔽地将自持性的元素世界置换为风险性的资源世界。在这一异己化的世界里，很多囚犯还未到站就已神智失常。

　　然而，到站并不意味濒临绝望的肉身获得了转机，相反，集中营只是流动监狱的固态化，或者反过来说，肉体在这一看似固态化的境遇里，面对的却是时刻濒临流逝的另一重绝境。"正如我们挨饿的程度，并非像谁错过一顿饭那样的感觉，同样，我们挨冻的程度也得用一个特别的名词来形容。我们所说的'饥饿'、'劳累'、'惧怕'、'疼痛'，我们所说的'寒冬'，完全是另外一码事。"②穿着单薄的衣衫，却在严冬扛起超出体力极限的重物，无休止地在空旷的大操场上进行早晚点名，用来休息的棚屋却又如蜂窝一般难以立脚；强迫劳动但邻近奥斯威辛的布纳工厂虽然死了无数人，然而四年过去后者却未生产出一公斤合成橡胶；不论是阳光般的温暖，还是开放性的空间，以元素为生的肉身都在遭遇着无用的穷竭，受难者被"投到诸元素的无边的不安全感当中……到处是一种不确定的暴力"③。而饥饿又是这一穷竭过程中最不堪忍受，却又最能准确传达肉身即外在性的普遍事例。

　　起床的时间总是过早，莱维回忆，"为了节省时间，许多人像

① ［法］伊曼纽尔·列维纳斯：《总体与无限：论外在性》，朱刚译，北京大学出版社2016年版，第112页。

② ［意］普里莫·莱维：《这是不是个人》，沈萼梅译，人民文学出版社2015年版，第132页。

③ ［法］莫里斯·布朗肖：《无尽的谈话》，尉光吉译，南京大学出版社2016年版，第253页。

野兽似的边跑边撒尿，因为五分钟之内就要开始分发面包，那神圣的灰黑色小方块"，以至于"晚饭分发结束已过去一个多小时了，还有几个人在执着地刮擦已经发亮的饭盒底部，在灯光底下仔细地把饭盒转了又转，专注地皱着眉头"①。修辞语"神圣""发亮"确证着列维纳斯所说的"食品的实在性对任何被表象的实在性的盈余，这种盈余并不是量上的，而是自我、绝对的开端发现自己被悬挂在非我上的方式"②。也正因此，神话中坦塔罗斯喝水水却退去，进食但带果实的树枝却离去的"超现实"处境，虽是受难者群体夜晚无休止的梦③，但也正是莱维与其难友在集中营面临的实在性的肉身现实。悬挂于元素这一"无形式的内容"之上的肉身，即使自始至终都居于一个自身即条件的无形式背景里，但依然如列维纳斯所指出的，"依赖性的存在者从这种例外的依赖中、从这种关系中，引出它的独立本身，引出它相对于系统的外在性"④。这一独立的外在性指控着诸种以宏观与微观法西斯主义为面具的压榨性暴力。

对"外在性"的呈现，是通过揭示在作为质的元素中生存的这一绝对的感受客观性而完成的，"我们并不是认识而是体验感性的质：这些叶子的翠绿，这落日的殷红"⑤。我们是在沉浸于一个无挂无碍的背景中的自在运动，就像难友坦普勒"对民工喝的菜汤有一种绝佳的敏感，如同蜜蜂对于鲜花一样"⑥ 沉浸在"与元素的植物

---

① ［意］普里莫·莱维：《这是不是个人》，沈萼梅译，人民文学出版社 2015 年版，第 32、55 页。

② ［法］伊曼纽尔·列维纳斯：《总体与无限：论外在性》，朱刚译，北京大学出版社 2016 年版，第 109 页。

③ 参见［意］普里莫·莱维《这是不是个人》，沈萼梅译，人民文学出版社 2015 年版，第 58—59 页。

④ ［法］伊曼纽尔·列维纳斯：《总体与无限：论外在性》，朱刚译，北京大学出版社 2016 年版，第 84、112 页。

⑤ ［法］伊曼纽尔·列维纳斯：《总体与无限：论外在性》，朱刚译，北京大学出版社 2016 年版，第 116 页。

⑥ ［意］普里莫·莱维：《这是不是个人》，沈萼梅译，人民文学出版社 2015 年版，第 75 页。

般的交流中"①。D. H. 劳伦斯曾言，人们呼吸却不知自己呼吸，其中没有一个将你引介到某个指定目的并同时抹去你的类似系统。生活并没有法西斯主义的民族精神与国家信念及营墙上写给囚犯的"劳动使人自由"之类的抽象目的，生活是"享—受"，"人们生活着（vit）他们的生活（vie）"，正如"我们享用的事物并不奴役我们，我们享受它"②。列维纳斯分析的"享—受"，不仅指明了肉身与元素世界的同时性（作为开端的肉身即是有世界），同时也指明了肉身相对于元素基元的受赐性（有世界的肉身始终命悬一线在他异的元素上）。故而，莱维后来写道，"一个姗姗来迟的春天总算到了，阳光开始变好的时候，有一个不用工作的星期天下午，它就像桃花一样既脆弱又珍贵"③；驱散奥斯威辛无时不在的死亡阴影的那束光，总是在熄灭的尽头摇曳着。

　　肉身与元素所形成的这种同时性和受赐性的关系即外在性，这种列维纳斯所言的"不带有任何显现者的显现"已是置身其中的伦理感受性，就像不是"一开始就曾经有饥饿；（而是）饥饿与食物的同时性构成享受最初的天堂般的条件"那样，"它既与它的终点相分离，但又已经朝向这一终点而去"④。肉身就是这种与元素基元息息相关的生生不息的有世界过程。当莱维出乎意料地从民工洛伦佐那里收到从家乡寄来的秘密食物时，莱维回忆道："几乎不可能出现的包裹就像一颗流星，一个天堂之物，充满了象征意味，无比珍贵，有一股巨大的冲力"⑤；或者，在集中营与难友蒂施勒虽为同

---

　　① ［法］伊曼纽尔·列维纳斯：《总体与无限：论外在性》，朱刚译，北京大学出版社 2016 年版，第 138 页。

　　② ［法］伊曼纽尔·列维纳斯：《总体与无限：论外在性》，朱刚译，北京大学出版社 2016 年版，第 89、94 页。

　　③ ［意］普里莫·莱维：《缓刑时刻》，谢小谢译，中信出版社 2018 年版，第 52 页。

　　④ ［法］伊曼纽尔·列维纳斯：《总体与无限：论外在性》，朱刚译，北京大学出版社 2016 年版，第 117 页。

　　⑤ ［意］普里莫·莱维：《缓刑时刻》，谢小谢译，中信出版社 2018 年版，第 79 页。

一天生日，却不知明天是死是活时，难友切下一片苹果送给莱维作为礼物的故事；又或者，不论下雨、刮风还是忍饥挨饿，元素基元却又总在一种"及时性"的补偿中，让莱维与难友们"驻足停留在绝望的边缘上"，而不会试图自杀的有世界之感①。外在性不是孤立无援，而是永恒自在，正如列维纳斯所言："生享受生本身，就好像生既以那能使其生延续者来滋养自身，也以生本身来滋养自身一样。"②

相较而言，在法西斯制造的奥斯威辛无世界化的过程中，无条件的元素世界却被无用的暴力颠倒过来，万物都要与这暴露于外的血肉讨价还价。就像莱维侥幸从医务室出来后的感受，受难者像个新生儿一样"感到自己被骤然抛到太空星际的黑暗和冰窟之中"③。故此，在难得能够享一受休息的间歇却又不得不再次没入冰天雪地去劳动时，莱维痛苦地说道："啊，真想能大哭一场！要是能像以往那样旗鼓相当地迎战疾风就好了，而不是像在这里，我们跟没有灵魂的虫子似的！"④ 虽然没有一个近在咫尺的敌人，但又遭遇着无时不在的肉身性穷竭，无用的暴力潜移默化地耗损着肉身，让其处在废弃、无用的边缘。而在肉身从新生儿到虫子的骤变中，纳粹党卫军却既置身事外又隔岸观火，最终的灭绝行为需要一种不费吹灰之力的"游刃有余"。

正是在这样一个漠然无情的凶险荒原，无意中从洛伦佐那里收到一封母亲的隐秘来信时，莱维才会说道："来自甜美的世界的信

① 参见［意］普里莫·莱维《这是不是个人》，沈萼梅译，人民文学出版社 2015 年版，第 141 页。

② ［法］伊曼纽尔·列维纳斯：《另外于是，或在超过是其所是之处》，伍晓明译，北京大学出版社 2019 年版，第 181 页。

③ ［意］普里莫·莱维：《这是不是个人》，沈萼梅译，人民文学出版社 2015 年版，第 54 页。

④ ［意］普里莫·莱维：《这是不是个人》，沈萼梅译，人民文学出版社 2015 年版，第 69 页。

在我的口袋里燃烧。"① 但这种感情强度却依然是转瞬即逝的。在奥斯威辛，甜美的元素世界无时无刻不在遭遇着大规模的降解，肌体衰竭的瓦尔特、变成一堆残骸的难友拉克玛克尔，以及像木头衣架的莱维就是其压榨的结果。"身体的匮乏——它的需要——把'外在性'肯定为非构造的，肯定为先于任何肯定的事物"② 的这一实在，同时也揭示了"那转向我的元素的面所隐藏者，并不是可以启示自身的'某物'，而是不在场之日日新的深度，是没有实存者的实存，是地地道道的非人格者"③。当易逝的无面元素所蕴含的有世界的幸福潜在性在奥斯威辛被彻底剔除，而"背信弃义的基元以抽身而退的方式给出自身"④ 时，剩下的就是肉身在消逝这一莱维感受到的"深知自己的末日就将来临"⑤ 的日日新的恐怖。被限制在奥斯威辛意味着天空是明暗难辨的、风是有去无回的、泥浆是黏附的、雪花是冰凉的、雨是断断续续的、太阳是血红的，"在世界的织体中，他几乎是无"⑥。人不是先有法西斯主义的国家信念和民族精神，人首先已经是一个被承载且承载自身的肉身，他的这一从元素基元走出的遍在性的有世界存在，在奥斯威辛并无容身之地。

① ［意］普里莫·莱维：《缓刑时刻》，谢小谢译，中信出版社 2018 年版，第 44—45 页。
② ［法］伊曼纽尔·列维纳斯：《总体与无限：论外在性》，朱刚译，北京大学出版社 2016 年版，第 108 页。
③ ［法］伊曼纽尔·列维纳斯：《总体与无限：论外在性》，朱刚译，北京大学出版社 2016 年版，第 123 页。
④ ［法］伊曼纽尔·列维纳斯：《总体与无限：论外在性》，朱刚译，北京大学出版社 2016 年版，第 122 页。
⑤ ［意］普里莫·莱维：《这是不是个人》，沈萼梅译，人民文学出版社 2015 年版，第 133 页。
⑥ ［法］伊曼纽尔·列维纳斯：《总体与无限：论外在性》，朱刚译，北京大学出版社 2016 年版，第 183 页。

第二节 元素的极化：从伦理活性的
丧失到人格性死亡

　　虽然元素基元有其自始至终的无定性非人格维度，但这一维度并不取消"在元素中已然幸福的享受，并且只是这种幸福才使得享受对不安敏感"[①]，才生出伦理知觉，才会有世界。依据列维纳斯的分析，不同于生命哲学或种族哲学使个体稀释于总体中的人格概念，"享—受"维系着一种让总体失效的"分离人格"的产生。[②]"享—受"有着不受侵犯、施人与善和匡正秩序的伦理格律，是莱维与难友在经历轰炸后，却不允许进入防空洞，"上百次地从被踩踏过的土地上挑选稀疏的雏菊和春花菊，默默无言地把它们放在嘴里久久咀嚼着"[③]时的人格"酝酿"之地。

　　诸如"享—受"空气、阳光、美景、睡眠等行为在列维纳斯的分析中都有着享用食品元素的意向结构，这些既非手段又非目标的实存不会被法西斯主义"实用的模式论"所穷竭[④]；因为"我"不是在使用某个独立于"我"的对象，而是置身于分子汤中，置身于易逝的食品但每每总是历久弥新中。这是休戚与共，能够天长地久的元素世界，"它支撑着它自己的表象，但是在它之中，自我又再次发现自己。在构造的两可性中，被表

---

　　① ［法］伊曼纽尔·列维纳斯：《总体与无限：论外在性》，朱刚译，北京大学出版社2016年版，第123页。

　　② 参见［法］伊曼纽尔·列维纳斯《总体与无限：论外在性》，朱刚译，北京大学出版社2016年版，第100页。

　　③ ［意］普里莫·莱维：《这是不是个人》，沈萼梅译，人民文学出版社2015年版，第127页。

　　④ 参见［法］伊曼纽尔·列维纳斯《总体与无限：论外在性》，朱刚译，北京大学出版社2016年版，第88—90页。

象的世界制约着表象行为；构造的两可性是那不仅被设定，而且自己设定自己者的存在样式"①。这也是与第三帝国的命运之神"分离"开来的非神论，是人在"经由依赖而独立"的需要中，能够超越法西斯主义"消灭不值得活的生命"这一生理学设定的自在性人格。② 这种由元素基元酝酿并活化的"有世界"人格即便在密封的奥斯威辛也有着萌发的气孔，即使它像"昙花一现"一般是短促的。

在集中营日复一日食不果腹的境遇中，莱维与难友们却如获至宝地寻觅到一只盛满菜汤的五十升的大锅，那时竟也是奥斯威辛稀有的晴朗之天。由于出乎意外的满足，莱维回忆，"至少几个小时，没有发生争吵，我们觉得大家相互都很友爱"③，都沉浸在一种思念家人的自得其乐的人格主权中。列维纳斯讲道："在享受中颤动着的自我的主权的特殊之处在于，此主权沐浴在一个环境之中，并因此经受着影响。这种影响的独特性在于：享受之自治的存在者，可以在它粘连其上的享受本身中显露为被它所不是者所确定，但同时享受又并不被中断，并没有暴力产生其中。"④ 在天地氤氲，万物化醇的和光同尘的元素世界，元素以一种中性化的方式成为肉身的酵母，让沐浴其中的肉身发起酵来，也让人格中的与世无争性愈加醇熟且蔓延开来。

与世无争不等于坐以待毙，相反，它是法西斯主义不能捕获的"大全"。赎罪日（奥斯威辛并无犹太教的赎罪日），埃兹拉走到营

---

① ［法］伊曼纽尔·列维纳斯：《总体与无限：论外在性》，朱刚译，北京大学出版社 2016 年版，第 129 页。

② 参见［法］伊曼纽尔·列维纳斯《总体与无限：论外在性》，朱刚译，北京大学出版社 2016 年版，第 94—95 页。

③ ［意］普里莫·莱维：《这是不是个人》，沈萼梅译，人民文学出版社 2015 年版，第 77 页。

④ ［法］伊曼纽尔·列维纳斯：《总体与无限：论外在性》，朱刚译，北京大学出版社 2016 年版，第 147 页。

房长奥托面前请求将属于他的食物保存起来，而在并不太坏的奥托驳斥这不是关于吃而是喝的问题时，埃兹拉却说道："如果一个人吃东西时比约会时还要小声，喝东西时声音不超出齿颊之间，那么他就不会招致神圣的惩罚。"① 这一即使在奥斯威辛也置身其中但没有任何元素属于"我"的谨小慎微，实现了莱维思忖的这项传统所欲以保持的在"律法的周围立起一道围栏"，以防备无处不在穷竭一切的法西斯恶魔"从围栏的缝隙里溜进来把律法淹没"②；在莱维为迈尔女士修理好自行车，而后者递给他一个煮熟的鸡蛋与四块糖的间隙说到圣诞节快到了时，莱维思忖这话可能意指当时德国人都没有勇气吐露的东西。在中性化的元素连结起莱维与迈尔女士不相称的身份地位时，"打破一种思维定式"③ 的人格经验就被这刹那间的大全式涌入激发了出来。

在已为条件的元素世界及其肉身中的与世无争也不等于无动于衷，相反，它是法西斯主义无法扼杀的"共—享"的无条件"介入"。"享受的主权用对他者（元素）的依赖滋养其独立。"④ 这一最后一次即第一次的实在性决定了"那时我们日夜随身携带汤勺，为任何未必会发生的突发事件做好准备，就像圣殿骑士带着他的佩剑"⑤；"享受通过牵连于它所享用的内容而分离。分离就像这一牵连的肯定成就那样进行着"⑥，决定了虽然空袭不断但"还未被饥饿摧残得彻底无力的那些人，经常趁着普遍惊慌失措的时刻，到工厂的厨房和仓库进行格外冒险的探访（因为除了空袭的直接风险

---

① ［意］普里莫·莱维：《缓刑时刻》，谢小谢译，中信出版社 2018 年版，第 69—70 页。

② ［意］普里莫·莱维：《缓刑时刻》，谢小谢译，中信出版社 2018 年版，第 70 页。

③ ［意］普里莫·莱维：《缓刑时刻》，谢小谢译，中信出版社 2018 年版，第 78 页。

④ ［法］伊曼纽尔·列维纳斯：《总体与无限：论外在性》，朱刚译，北京大学出版社 2016 年版，第 148 页。

⑤ ［意］普里莫·莱维：《缓刑时刻》，谢小谢译，中信出版社 2018 年版，第 14 页。

⑥ ［法］伊曼纽尔·列维纳斯：《总体与无限：论外在性》，朱刚译，北京大学出版社 2016 年版，第 128 页。

外，在紧急状态下进行盗窃者，会被处以绞刑的）"①。"每一次幸福都是第一次发生"②的"享—受"释放出了无限的伦理活力及其自发的人格晕圈。它不同于在奥斯威辛横亘在人与元素间漫无边际的无用的暴力，它是肉身与元素共在的直接性。"此种直接性首先就是享受所具有的那种轻松自如，比饮用更为直接，沉浸于宜人环境之深处，沉浸于其充实与完满的无与伦比的清新之中。"③只有在这一意义上，当在奥斯威辛过于圣洁的班迪竟偷到一个萝卜送给走投无路的莱维时，我们就能够更为深切地领会"班迪有一种独一无二的感受幸福的天赋"④意指着怎样的伦理活力，而这种即使被纳粹奴役也被冬日的森林陶冶出的人格晕圈，使得班迪遭遇的苦厄都"从他的身边滑过，就像水流过石头"⑤。

然而，从埃兹拉到班迪，莱维捕捉到的这些元素基元酝酿伦理活性的人格瞬间，在奥斯威辛毕竟是微乎其微且难以自保的，这种一直帮助莱维的洛伦佐式的"久违的善"⑥，正如莱维与难友让在领菜汤的路上回忆到的大海的气息，是"极其遥远温馨的事物"⑦。不论是大全式的定在所允诺的相安无事，还是介入式的行动所朝向的公平正义，由中性的元素极化出来的这种取之不竭的人格之闲散性，并由其活化着的"共—通—体"，在面对穷竭性的奥斯威辛时，

---

① ［意］普里莫·莱维：《这是不是个人》，沈萼梅译，人民文学出版社 2015 年版，第127 页。

② ［法］伊曼纽尔·列维纳斯：《总体与无限：论外在性》，朱刚译，北京大学出版社 2016年版，第 93 页。

③ ［法］伊曼纽尔·列维纳斯：《另外于是，或在超过是其所是之处》，伍晓明译，北京大学出版社 2019 年版，第 161 页。

④ ［意］普里莫·莱维：《缓刑时刻》，谢小谢译，中信出版社 2018 年版，第 42 页。

⑤ ［意］普里莫·莱维：《缓刑时刻》，谢小谢译，中信出版社 2018 年版，第 42 页。

⑥ 参见［意］普里莫·莱维：《这是不是个人》，沈萼梅译，人民文学出版社 2015 年版，第 131 页。

⑦ ［意］普里莫·莱维：《这是不是个人》，沈萼梅译，人民文学出版社 2015 年版，第120 页。

则会毫无顾忌地以一种极度收缩的方式向其反面的极化转化，而它释放出的则是一种遍及奥斯威辛的虽生犹死的伦理濒危感。

这种肉身从"我"这里抽离出去以至于伦理意识衰竭的感觉经验，自然对应了莱维的元素伦理知觉。因为在奥斯威辛，束手无策的受难者的道德敏感性"几乎一形成就马上消散了，就像在风中抽烟，只在嘴里留下空洞的饥饿的滋味"①。"今天能吃到多少食物，会不会下雪，是否有煤要卸，而遥远的将来的问题显得是那么的苍白无力，没有任何迫切性。"② 伦理感觉无法驻留有时也会以飘忽不定的方式，呈现在以元素基元作为无法置换的背景知觉中。莱维与难友们在去布纳工厂的路上虽然遇到了弥足珍贵的好天气，但在莱维平铺直叙的视觉景象中，却也流溢着一种与元素世界断裂开来的肉身落空感：

> 中午见得到远处的山脉。西边是奥斯威辛的钟楼，熟悉而又不相称（这里居然有一座钟楼），四周围都是受控制的防空拦截气球。布纳工厂的烟尘凝滞在凛冽的寒风中，还看得见一排覆盖着绿色森林的低矮的丘陵。这使我们的心揪了起来，因为我们大家都知道，那边就是比克瑙。我们的女人就是消失在那里的，而我们很快也会消失在那里。不过，我们没有看它的习惯。③

仿佛近在咫尺的清新山脉和绿色丘陵却因为比克瑙灭绝营而远在天外，有一种朗西埃所言"并不让人看，而是强加在场"的

---

① ［意］普里莫·莱维：《缓刑时刻》，谢小谢译，中信出版社2018年版，第14页。

② ［意］普里莫·莱维：《这是不是个人》，沈萼梅译，人民文学出版社2015年版，第29页。

③ ［意］普里莫·莱维：《这是不是个人》，沈萼梅译，人民文学出版社2015年版，第71页。

"可见物的平等性"被撤销了①，取而代之的是"隔着鱼缸的玻璃壁看鱼时"②的法西斯主义的目光。它所导致的后果就是难友贝拉还在描述"他在匈牙利的乡下长满玉米的田野"的同时，另一些人则变成了"不远的田野里的一抔骨灰，只剩下名册上的一个编号而已"③。

在这种"不被许可的简化"④中，在肉身总不属"我"的解体过程中，出现了"你旁边同伴手里拿着的面包似乎很大，可到了你的手里却小得可怜"⑤的意识恍惚。对置身其中的外在性的消除使得奥斯威辛的人格类型出现了两极化的发展。一种是莱维看到的从无能为力到听之任之的麻木的努尔·阿克泽恩，他"如同在池塘岸边发现的某些昆虫的蜕皮，靠一根细丝挂在石头上随风摇曳着"⑥。另一种是从孤立无援到脱颖而出的兴奋的埃里亚斯·林京，他"整个脸像是公绵羊的一只脑袋，是一种适合用来打人的工具。他的身体散发出一种强烈的兽性"⑦。在奥斯威辛，前者会被淹没，后者会

---

① 参见［法］雅克·朗西埃《图像的命运》，张新木、陆洵译，南京大学出版社 2014 年版，第 158—159 页。值得注意的是，由清新山脉和绿色丘陵这一元素基元所牵动的生命直觉，本身就是一种不断积聚其强度的生命意识，是一种要求可见的自然正义。也因此，南希对"再现"的重新定义，不仅是对朗西埃所言的"可见物的平等性"的准确解释，也是在解答见证的真正发生学机制。"可见物的平等性"意味着作家在进行见证书写的过程中，要让一种无法被捕捉的泛音化的生命形态出场，只有这一无法被简化的无所不在的生命形态，才能起到"重复"的见证。也就是说，真正的见证就是生命在一种差异中重复自身的自为活动。再现（representation）中的"前缀're-'"在此表加强性，或者是语言学家所说的'频率'（frequentative）。'再现'可表示'使可见坚决地外展'。它有一种类似戏剧的意义"。参见［美］希里斯·米勒《共同体的焚毁：奥斯威辛前后的小说》，陈旭译，南京大学出版社 2019 年版，第 223 页。

② ［意］普里莫·莱维：《这是不是个人》，沈萼梅译，人民文学出版社 2015 年版，第 112 页。

③ ［意］普里莫·莱维：《这是不是个人》，沈萼梅译，人民文学出版社 2015 年版，第 74、91 页。

④ ［意］普里莫·莱维：《缓刑时刻》，谢小谢译，中信出版社 2018 年版，第 85 页。

⑤ ［意］普里莫·莱维：《这是不是个人》，沈萼梅译，人民文学出版社 2015 年版，第 32 页。

⑥ ［意］普里莫·莱维：《这是不是个人》，沈萼梅译，人民文学出版社 2015 年版，第 37 页。

⑦ ［意］普里莫·莱维：《这是不是个人》，沈萼梅译，人民文学出版社 2015 年版，第 99 页。

被拯救，而介于既不会像阿克泽恩无欲无求，也无法像埃里亚斯神动色飞间的其他人格类型，则处在一种垂危的起伏不定中：

> 四周的一切都对我们含有敌意。我们头顶上阴云滚滚，令我们见不到阳光；满眼都是惨淡冰凉的铁轨，看了令我们揪心。无边无际的铁道，永远见不到它们的尽头，可我们感到四周围都布满了带刺的铁丝网，无情地把我们与世界隔开了。而在脚手架上，在运营的火车上，在街道上，在挖掘的地方，在办公室里，见到的是人和人，是奴隶和主人，主人和主人，奴隶和奴隶；一些人恫吓另一些人，一些人激起另一些人仇恨，一切其他的力量却沉默着。①

一种列维纳斯所言的沐浴在元素中的"先定和谐"瓦解了，一种置身其中的"未被反思的素朴意识"崩塌了，一种"免除了对于无条件者的智性的寻求"但因此能够维系人与人之间伦理韧性的纽带断裂了。② 不再是与世无争中不受侵犯的"无为之为"，而是"所有的路子都蕴含着一种个体跟众人的令人精疲力竭的斗争，许多路子需要付出不少越轨和屈服妥协的代价"③。一切都要有条件的奥斯威辛反转了元素基元赋予肉身的无条件性及其自然流溢的"有世界"的伦理活性。在这里，人格是瞬间即灭的火花。

当这一难以维系自身肉身的精神处境成为常态，在面临又一轮的淘汰时，莱维写道"不能说由此产生了一股灰心丧气的浪潮。我们集体的精神状态太淡定、太迷惑了，谈不上不稳定"④，而在另一

---

① ［意］普里莫·莱维：《这是不是个人》，沈萼梅译，人民文学出版社 2015 年版，第 36 页。
② 参见［法］伊曼纽尔·列维纳斯《总体与无限：论外在性》，朱刚译，北京大学出版社 2016 年版，第 118—119、126 页。
③ ［意］普里莫·莱维：《这是不是个人》，沈萼梅译，人民文学出版社 2015 年版，第 95 页。
④ ［意］普里莫·莱维：《这是不是个人》，沈萼梅译，人民文学出版社 2015 年版，第 134 页。

个故事里，当分派囚犯去他们不愿去的氯化镁车间劳动时，"队长抓起一块砖头，扔进那人堆里：那些人笨拙地躲避开了，但没有加快步子。而这几乎成了一种惯例，每天早上如此，队长不见得是出于一种明确的害人的意图"①。仿佛罩上了一层看不见的玻璃，或如莱维刚到集中营就感受到的它那水族馆或梦境的特质一样，元素世界在走向一种无法察觉的标本化，而生根发芽于元素基元的伦理活性也走向了枯竭。在"遭受了太多摧残的我们，都顾不上真正惧怕什么了"② 之后，纳粹党卫军的灭绝行动演化成了一场悄无声息的坐收渔利。

第三节　作为无中生有的见证：
活着的"静物画"

在莱维"似乎一切都跟每天一样，厨房像平时那样冒着烟……没有人能逃脱筛选，而当被淘汰的人前往毒气室时，也没有人看见他们走"的"稀松平常"的描述中，却潜伏着伍德所言的足智多谋，"如同你稍稍远离旺火、遽然感受到的那种寒意"式的见证。③因为一般而言，幸存者对纳粹大屠杀进行见证的心理机制之所以是未完成的，除了自身经历事件后的创伤症状外，另一个至关重要的原因还在于事件本身内含的受害者禁区，一个在幸存者回忆录中不得不保持沉默的区域。如何让这一沉默的区域不沉默，实际就是见证星丛中的核心主旨。幸存者经验与受害者经验间的无法置换性，这一拉卡普拉（Dominick LaCapra）所言的"共情性不安"（Em-

---

① ［意］普里莫·莱维：《这是不是个人》，沈萼梅译，人民文学出版社 2015 年版，第 147—148 页。

② ［意］普里莫·莱维：《这是不是个人》，沈萼梅译，人民文学出版社 2015 年版，第 127 页。

③ 参见［意］普里莫·莱维《这是不是个人》，沈萼梅译，人民文学出版社 2015 年版，第 14、136 页。

pathic Unsettlement)①，决定了幸存者相对于受害者的伦理落差。幸存者如要为受害者作见证，实际上见证的即这一伦理落差引发的伦理"余绪"：一种不可灭绝的事物在涌现。"这种威力被吸收在描写的冷漠感人法中，将意志和意义溶化在一连串的微小感知中，而在这种感知中，主动性和被动性已经不再清晰可辨。"②

朗西埃所言"每个感知都带有整体的威力"③ 的这种叙述方式，之所以又会反过来迫使不可再现的在场，就在于受害者总已是置身其中的肉，总已在被造中成其自身。在筛选结束后莱维回忆，即使被淘汰的人可以领取到双份饭菜这一规定令人费解，但被淘汰的齐格勒仍然待在原地，直到"当他领到双份的饭菜后，就平静地走到铺位吃起来"④。接着，莱维写道："现在每个人正专心致志地用勺子刮着饭盒，想把最后剩留在底部的菜汤碎末掏干净，由此发出的一阵金属刮擦的响声，意味着一天结束了。"⑤ 将触目惊心的事件缝纫在不动声色中的叙述，却依然在显露着一种坚定不移的"有"的缝痕。列维纳斯说道"咬面包就是品尝之所表示者本身。品尝就是一个能感受的主体变为［占据空间的］体积的'方式'"⑥，"身体就是分离的机制"⑦。面临迫在眉睫的死亡，齐格勒及下次筛选不知是死是活的受难者，却依然在重复着"水落石出"

---

① Dominick LaCapra, *Writing History*, *Writing Trauma*, Johns Hopkins University Press, 2014, p. 41.

② ［法］雅克·朗西埃：《图像的命运》，张新木、陆洵译，南京大学出版社2014年版，第159页。

③ ［法］雅克·朗西埃：《图像的命运》，张新木、陆洵译，南京大学出版社2014年版，第159页。

④ ［意］普里莫·莱维：《这是不是个人》，沈萼梅译，人民文学出版社2015年版，第139页。

⑤ ［意］普里莫·莱维：《这是不是个人》，沈萼梅译，人民文学出版社2015年版，第140页。

⑥ ［法］伊曼纽尔·列维纳斯：《另外于是，或在超过其所是之处》，伍晓明译，北京大学出版社2019年版，第180页。

⑦ ［法］伊曼纽尔·列维纳斯：《总体与无限：论外在性》，朱刚译，北京大学出版社2016年版，第152页。

的肉身化构造活动的这一事实，激烈地证明着"我之所为与所是者，同时也是我所享用者"①。

即将溃灭的党卫军撤营后，集中营所剩物资极度匮乏，然而面对近在咫尺的胜利，一个匈牙利老人，为了获得埋在地下的土豆，却又即刻间死去了，"他僵硬地躺在那里，一副饥肠辘辘的样子：他的脑袋和双肩横在土堆下，肚子贴着雪地上，双手伸向土豆"②。死者的"伸向"显露出了肉身存在的整个伦理晕圈，因为它"已经由于其直立着的、为高度这一方向所吸引的身体而出离了纯粹的自然。这并不是人类的经验幻觉，而是其存在论的生产，是不可消除的见证"③。在回忆录中，这一在"享—受"非我的元素基元的同时，也在出离一个身体的肉身性无止境运动，在难友施姆莱克听到莱维询问瓦尔特有关毒气室和焚尸炉时而达到了顶点，施姆莱克"腾地坐了起来"④。

"无中生有"的腾跃确证着列维纳斯所言的非暴力的"人类的自我主义"⑤，而施姆莱克的腾跃"就是那决定绝对他者之在场的总体的破裂具体实现出来的方式"⑥。可以看到，即使甜美的元素世界被置换为穷竭性的灰色世界，从而为党卫军不费吹灰之力的最终灭绝行为做好了准备，但它依旧从背面昭示了一个谁也无法从中逃离的外在性现实，即悬挂于元素基元上的肉身成全着"我在大地上

---

① ［法］伊曼纽尔·列维纳斯：《总体与无限：论外在性》，朱刚译，北京大学出版社2016年版，第92页。

② ［意］普里莫·莱维：《这是不是个人》，沈萼梅译，人民文学出版社2015年版，第183页。

③ ［法］伊曼纽尔·列维纳斯：《总体与无限：论外在性》，朱刚译，北京大学出版社2016年版，第97页。

④ ［意］普里莫·莱维：《这是不是个人》，沈萼梅译，人民文学出版社2015年版，第48页。

⑤ ［法］伊曼纽尔·列维纳斯：《总体与无限：论外在性》，朱刚译，北京大学出版社2016年版，第97页。

⑥ ［法］伊曼纽尔·列维纳斯：《总体与无限：论外在性》，朱刚译，北京大学出版社2016年版，第98页。

的安置，就是说，赋予我——如果可以这么说的话——这样一种观看：这种观看已经且将一直由我所看到的图像本身支撑着。以身体的方式安置自己，就是接触大地，但却是以这样一种方式：这种接触已经被安置所制约，且脚踏在由这一脚踏活动所勾勒或构造的实在之中，似乎一个画家察觉到他正从他在画的图画中走出来"①。列维纳斯的分析深远地揭示了齐格勒站在原地"不动"，匈牙利老人"伸向"食物，以及施姆莱克"腾地坐了起来"的动词所含有的肉身厚度。这种无中生有的见证，以一种总已先行于"我"但又助推"我"的宁静之力展开，而它的场所是自身"即是置放"的肉身，"它并不位于一个预先给予的空间之中——它是定位事件本身在无名存在中的爆发"②，是一幅幅活着的静物画。

在元素基元隐退的同时涌现出肉身的出离过程，并没有遮蔽生活再返回生活世界的入定过程。作为无中生有的静物画不仅有其出离的一面，也有其入定的一面。"艾米莉亚就这样死了，她只有三岁……一个富有好奇心，大胆、快乐又聪明的女孩，一路上在挤满人的车厢内，她的父母亲设法在一只锌制的大盆里给她洗澡，所用的温水是非同寻常的德国火车司机允许他们从蒸汽机车上接下来的，那是把大家引向死亡的机车"③；难友施姆莱克最终也没有逃脱筛选，但在离开时却将汤勺和小刀留给了莱维；萨特勒鬼使神差地被选中，"一个粗壮的特兰西瓦尼亚农民，二十天之前他还在自己的家；萨特勒不懂德语，对发生的事情毫不知晓，他正待在一边补自己的衬衣"④；元素有其非人格、令人不安的难以预料性，但根据

---

① ［法］伊曼纽尔·列维纳斯：《总体与无限：论外在性》，朱刚译，北京大学出版社 2016 年版，第 108—109 页。
② ［法］埃马纽埃尔·列维纳斯：《从存在到存在者》，吴蕙仪译，江苏教育出版社 2006 年版，第 86 页。
③ ［意］普里莫·莱维：《这是不是个人》，沈萼梅译，人民文学出版社 2015 年版，第 10 页。
④ ［意］普里莫·莱维：《这是不是个人》，沈萼梅译，人民文学出版社 2015 年版，第 139 页。

列维纳斯的思考，施姆莱克的汤勺和小刀、盛放艾米莉亚的锌制大盆、为萨特勒遮羞挡寒的衬衣，仿佛依然是从质料性元素基元分离出的肉身的延长，它们依旧是勾勒并托举一个肉身存在者的蕴蓄活动，依旧在肯定着"对于时间的权力，对于那不属于任何人的东西的权力——对于将来的权力"①。

人类使用的器具、衣装等元素性事物"并不在消耗和使用它的享受中被耗尽"②，不是单义性的容器，而是以一种置身其中的方式，展露着其古老的历久弥新，"对于一个士兵来说，面包、衣物和床不是原料，它们并不'为了……'，它们就是目的"③，士兵融进他的生活里。作为不断扩容的内在性生活亦如此，其真实原因在于，当人沉浸在与它们打交道的过程中，人也通过隐遁于"无"的方式而活着，就像一个在素描的过程中消失在白纸里的画家一般。非人格的元素在进入形式而落定下来的过程中，浮现出的并非一个资源争夺性的法西斯主义世界，而是一幅每个人在应分之分的占有中构织的如此这般的"静物画"④。其持存的方式就是在法西斯主义无法捕获的隐遁于"无"中，构造着一个共享的日日新世界的运动。在老弱妇孺到站就会被带向毒气室的奥斯威辛，莱维写到遣送前夕的母亲们，"却熬夜悉心准备旅途的食物，她们给孩子们洗澡，整理好行装，黎明时分，铁丝网上都挂满了晾在那里的孩子们换洗的衣物；而且她们也不忘带上尿布、玩具和小枕头，还有她们知道

---

① ［法］伊曼纽尔·列维纳斯：《总体与无限：论外在性》，朱刚译，北京大学出版社 2016 年版，第 144 页。

② ［法］伊曼纽尔·列维纳斯：《总体与无限：论外在性》，朱刚译，北京大学出版社 2016 年版，第 145 页。

③ ［法］埃马纽埃尔·列维纳斯：《从存在到存在者》，吴蕙仪译，江苏教育出版社 2006 年版，第 40 页。

④ 参见［法］伊曼纽尔·列维纳斯《总体与无限：论外在性》，朱刚译，北京大学出版社 2016 年版，第 140—141 页。

孩子们随时要用的诸多小物件"①。母亲们的隐遁于"无"并非视而不见，而是一种让孩子们的肉身生生不息的"有"，列维纳斯讲道："在世界似乎要分崩离析，死囚喝下他的断头酒的那一刻，我们依然严肃地对待着世界，依然在作出理智的行为举动。"②

面对施姆莱克的死，莱维说道："瓦尔特和我彼此都躲避着对方的眼睛，我们久久地缄默不语。"③ 因为进入元素这样一个非"我"的背景中去"享—受"的同时，也隆起了一个身体，长出了一张置身其中但四处张望的脸。莱维和瓦尔特的闪避，证实着这一超出自身的外在性，自我躲避不了自我的悖反性。转瞬即逝的无面元素在经过一个肉身时却出落出一张脸，这张脸在没有说出之前就已是说出的"现实"，在莱维叙述克劳斯的故事中得到了进一步的保藏。④ 克劳斯和莱维在奥斯威辛的淤泥沟干苦役，克劳斯却不懂得节省体力，竟将一种"通过可以被称为诚实的连接关系来自我建构的"⑤ 小职员的职业操守，带到了穷竭性的奥斯威辛。尔后，克劳斯试图因失手将泥巴铲到莱维身上而向后者道歉。由于缺乏对周遭环境理应有的警觉，莱维写道："他不会在这里活多久的，这一

---

① ［意］普里莫·莱维：《这是不是个人》，沈萼梅译，人民文学出版社 2015 年版，第 4 页。

② ［法］埃马纽埃尔·列维纳斯：《从存在到存在者》，吴蕙仪译，江苏教育出版社 2006 年版，第 43 页。

③ ［意］普里莫·莱维：《这是不是个人》，沈萼梅译，人民文学出版社 2015 年版，第 50 页。

④ 在列维纳斯的基础上，我们可以推进对脸的进一步思考，即脸是物质世界中不可扭转的"开口"这一实存论事实。比起列维纳斯所关注的脸呈现出"他者"的外在性这一点，本文试图强调的是脸从身体上外展出来的这一无可奈何，也即这一身不由己的外在性所具有的伦理意味。脸作为事件性的"开口"回应的难道不是历史灾异带来的"伤口"吗？意图使脸消失的生命政治在这里是失效的，因为行刑者面对一张脸的时候之所以要将其蒙起来，就在于他也在受害者的脸上看到了自己。

⑤ 福柯分析的"自我与他人的体验通过关于诚实的政治历史来建构"，正对应了纳粹帝国崛起背后的精神政治学。诚实不再是特里林在《诚与真》里所勾勒的范畴，而是与净化、奉献等关联在一起的精神部件。参见［法］米歇尔·福柯《主体性与真相》，张亘译，上海人民出版社 2018 年版，第 18 页。

眼就能看出，而且这显得像一种定理似的。"① 尽管奥斯威辛是于事无补的绝望，但陷落在雨中不谙世事的克劳斯的眼睛，却成为一个飘忽不定的谜。"我透过掉在眼镜上的雨点儿，见到他的眼睛，那是克劳斯这个人的眼睛"②，那也是莱维在奥斯威辛被脸"临到"的无中生有的一刻③。这张依赖于元素又出离于元素的思维之"物"，这张静物"画"，以纠缠不休的事后性方式，促使莱维不由自主地欺骗克劳斯说自己梦见克劳斯来到莱维家里，并得到了热情的招待。莱维在奥斯威辛的徒劳的"好客"，虽然让克劳斯"听后激动得像决了堤的河水"④，但"决了堤的河水"却也惊人地证明了从未定的元素基元中浮现出的一张定在的脸，即食物（口）、空气（鼻）、空间（眼）、物体（耳）这样一个遍在性的有世界的过程，而不再是党卫军在间隔的一秒钟内能够从元素世界撤销的物件。一张脸的陷落意味着整全世界的陷落，而脸是飘忽不定的元素尘埃落定的"辉煌"时刻，是元素基元无条件的给予性。当莱维与瓦尔特彼此逃避对方的眼睛不知所措时，莱维写道："然后瓦尔特问我，怎么能把分到的面包保存得如此之久，并且对我解释说，他通常是把面包竖着切成长片，这样就更容易在上面抹上人造黄油。"⑤

置身其中已是见证，"我不仅仅有一个身体，而且我即是一个身体"⑥，而且这依赖于元素的身体在依赖中撑起了一张睁开眼睛的

---

① ［意］普里莫·莱维：《这是不是个人》，沈萼梅译，人民文学出版社 2015 年版，第 145 页。

② ［意］普里莫·莱维：《这是不是个人》，沈萼梅译，人民文学出版社 2015 年版，第 144 页。

③ "临到"强调的是临近，脸的出现与时间的开始之间，存在着一种相互启动的关联模式。列维纳斯使用的是"临显"，参见［法］伊曼纽尔·列维纳斯《总体与无限：论外在性》，朱刚译，北京大学出版社 2016 年版，第 171 页。

④ ［意］普里莫·莱维：《这是不是个人》，沈萼梅译，人民文学出版社 2015 年版，第 145 页。

⑤ ［意］普里莫·莱维：《这是不是个人》，沈萼梅译，人民文学出版社 2015 年版，第 50 页。

⑥ ［法］埃马纽埃尔·列维纳斯：《从存在到存在者》，吴蕙仪译，江苏教育出版社 2006 年版，第 87 页。

脸。元素基元作为肉身无法消除的景深，使得莱维的见证成为一系列的定格，进而以"无中生有"的方式凝聚住了在奥斯威辛时刻濒临解体的受害者。见证不再是无法回忆之物，而是保藏"活着的"自在之物。渗透于莱维回忆录中的元素知觉通过勾勒一个个总在实显中的肉身，见证着不能被奥斯威辛穷竭的他者。作为肉身消逝其中的未定性又作为肉身存续的基元，莱维的回忆录借助元素这一中性常量固有的震荡性，在呈现奥斯威辛肉身垂危性的同时，也在见证着肉身的自发性涌现。二者虽一体两面，但也揭示了谜底即谜面的伦理觉识，如莱维所言："我们必须从头'发明'我们的反法西斯，从我们的根创造出来。"①

---

① ［意］普里莫·莱维：《元素周期表》，牟中原译，百花洲文艺出版社 2015 年版，第 44 页。

第三编

情　感

根据对前两编的分析，我们看到从莎士比亚到莱维，生命政治如要实现其效果，始终与门槛机制不可分离，分解生命的门槛，让活与死处在一种不可区分的情感绝境中。活着的可能已经死了，死了的可能还活着，活与死之间的区分度，陷入了一种模糊不清的境地。换言之，这不再是生物学或生理学层面的有机体的存活与死亡的区分度，而是已经进入精神领域，其中活与死之间有着更为复杂的经济学关联，并最终作用于对生命的定义或裁决的进程中。① 门槛即人类情感陷入失调、失序乃至濒临蒸发的无情之地。这是一个主体姿态随时处于失调和失控的地带，理查三世到巴特尔比都遭遇了这一门槛，直到在集中营中出现情感真空、行动能力完全失落的中性之人。② 我们由此看到生命政治实际与情感治理的密切相关。

虽然福柯在其整体治学史中没有对情感进行过特别的讨论，但福柯借助将忏悔式主体、精神病学主体等放置进对应的历史现场所进行的考古学考察思路，实际揭示了生命政治就是对被治理对象的

---

① 让生命政治得以运转的权力本身并非抽象静态之物，而是具有一种在撤销主体的过程中形塑主体和在形塑主体的过程中撤销主体的吊诡特征，是一种由"不确定的本体论的扭曲形式制成的主体"。换言之，生命作为一种无形之物的有形化过程，也是从有形到无所不在施展其效力的无形化过程。［美］朱迪斯·巴特勒：《权力的精神生活：服从的理论》，张生译，江苏人民出版社 2008 年版，第 2、4 页。

② 如果说情感是以运动形式勾勒共存性空间的生命活动，那么门槛就显示了环境与情感间彼此混同且难以区分的困境，情感在其中停驻了其勾画生命痕迹的自治性运动。莱维所言的中性之人就处在集中营环境与零度情感的交界处，他既退化为环境，也已万念俱灭。或者用萨特的话说就是，"宇宙可以还原为一个观念体系……努力、痛苦、需要、压迫、战争都溶化为观念：恶是不存在的，有的只是一种多元论"。也因此，纳粹德国对空间的占领与对人物情感空间的占领或清空是同一个进程，这里就涉及一种改造和治理的过程，也即将作为肉身处境的生命抽象化处理的过程。萨特思考的"处境是一种召唤"本身，就是对肉身具身性，也即生命流动的现象性之确证。集中营出现的中性之人或被去除肉身处境的生命，就是布朗肖所言的"苦厄之人"。布朗肖在分析幸存者安泰尔姆的回忆录时这样写道："苦厄之人，除了那个与他混同，却绝不允许他是他自己的处境外，就不再有其他任何的身份。因为苦厄的处境倾向于不断地去除自身的定位，在一个没有根据的无处之中消解了。"［法］让-保尔·萨特：《萨特文论选》，施康强译，人民文学出版社 2024 年版，第 430 页；［法］莫里斯·布朗肖：《无尽的谈话》，尉光吉译，南京大学出版社 2016 年版，第 255 页。

情感治理，与被治理对象对自身情感的自由运用有着密切关联。理查三世的邪恶欲念和神学张力之间的关系，是与神学情绪紧密关联的王权场域中的情感治理。巴特尔比的抄写行为与"我宁愿不"之间的张力关系，是与国家技术理性导控下的资本主义场域联系紧密的情感治理。[①] 莱维记忆中陷入麻木不仁和喜怒无常之间的集中营，则是既鼓吹劳动使人自由又无故惩戒与消耗囚犯肉身的纳粹法西斯主义的情感治理。[②] 这种情感工艺学能够解释诸多无法被法律进行解释的生命灾异，甚至可以说从神权时代到法权社会，律法、法律和情感之间始终就存在着纠缠不清的关联。[③]

　　生命政治所以能侵入情感领域并对主体灵魂进行征讨，原因就在于人是一种肉身化的身体性存在。正如我们借助列维纳斯对莱维幸存回忆录进行分析时所看到的，作为与世界粘连于一体的肉身，是一种充溢着强度的触发性界面，而让自我感知到灵魂存在的情感机制，往往就从这里被生产出来。[④] 福柯到阿甘本的生命政治学的核心，都与对如何安放陌异化的肉身存在着密切关联。理查对自己身体的焦虑，让代理人感到恐惧的巴特尔比的身体姿态，莱维笔下有着自我意识的动荡不定的肉身，都是肉身"现象性"与撤销这一现象性的生命政治之间争执化的关系产物。换言之，生命现象性被政治化的过程，意味着肉身现象性被政治化的过程，而肉身现象性

---

　　① 同时可参见 Hochschild, A. R., *The Managed Heart：Commercialization of Human Feeling*, Berkeley：University of California Press，1983。

　　② 值得注意的是，这一过程中的施虐者（施害者）往往因为门槛机制而处在一种内外不分的临界区域，其生杀予夺的权力展演又与一种快感化的欲望经济学有关。换言之，处在权力与快感相互生产的界域中的施害者的所有行为逻辑，就旨在扰乱受害者健全的情感机制，让其陷入一种绝对孤立无援的境地。

　　③ ［法］米歇尔·福柯：《自我解释学的起源：福柯1980年在达特茅斯学院的演讲》，潘培庆译，西南师范大学出版社2018年版，第77—82页。

　　④ 对此可参考列维纳斯对"切近"的分析。参见［法］伊曼纽尔·列维纳斯《另外于是，或在超过是其所是之处》，伍晓明译，北京大学出版社2019年版，第153—234页。

被政治化的过程，也即意味着情感性被政治化的过程。也因此，主体作为一种物质性的肉身存在，也是一种处在潜势中的媒介化存在，而情感就是主体再媒介化的过程。再媒介化过程有两种：一种是在门槛机制处被编码后的去身化情感，如从理查三世到集中营的"中性之人"，时刻处在一种被例外状态所牵制的无身化境遇之中，其情感是一种与肉身断联后走向虚化的情感。另一种是在门槛机制处无法被编码的由肉身厚度触发的外部化情感，如理查三世对手的疑惑，巴特尔比的强制性重复的无意识姿态，以及莱维作品里濒临绝境的肉身触发的"像电流突然在一个关闭的电路里流通起来"的知性活动，和让"不带有任何显现者的显现"感性活动。后一种再媒介化过程，意味着有一种与肉身物质性关联紧密的非知化情感活动在自在地显现，一种无法被生命政治圈禁或治理的极性化情感在"保全"着生命。①

在本编中，我们将从 W. G. 塞巴尔德的作品开始，分析塞氏作品在面对生命政治导致的大规模灾异时，如何重新复原无法被门槛所分解的生命"底片"，即肉身物质性与相片物质性相互通连过程中生成的情感形态。选择塞氏作为本编第一部分研究对象的原因，主要有两个方面的考虑。第一，塞巴尔德整体创作的风格，某种意义上可以说是对生命政治发生史的一种体察和概览。在塞氏的作品中，生命政治不再局限于某些特定的历史灾难，而是呈现为一种无所不在的灾异化气氛。由于作者这种幽微的笔法，生命的"现象

---

① 根据第一章对莎士比亚的《理查三世》和梅尔维尔的《抄写员巴特尔比》的分析，我们看到身体的肉身物质性，有着动中有静和静中有动的"戏剧性"，而这一点依然是启动莱维作品中见证不可见证情感机制的核心。换言之，从前两章整体的论证及其所显示出的思维图景看，作为媒介的身体已然可以看作生命"现象性"涌现的经验起点。也因此，文学作为身体的延伸或动词化的身体，也始终是对作为媒介化生命的触发。换言之，文学实际已然是一种跨媒介和跨学科意义上的肉身化媒介，它通过其肉身媒介化的触发行动而让陷入停滞的生命与外部相连，从而重新复原了生命的流动性。

性"始终处在一种若隐若现的过程中。因为塞氏的作品以一种无意识的施演方式，让读者在阅读过程中自为地编织着一种无法抹除的心理情结。所以，塞氏将生命政治的"影响力"扩展为一种时代性的症状，有一种难以舒缓的情感机制，就在其中酝酿着。① 这也意味着在生命政治所导致的纳粹大屠杀事件之后，与生命政治逻辑相关的灾异性事件并没有随之消失，而是依然潜伏在诸多政治机制的内核之中，并以一种潜在的方式渗透和作用于现代性日常生活。第二，面对这一难以舒缓的情感机制，塞氏将一种相片感知学引入其叙事进程，从而让一种陌异化的情感，也即非知化情感或难以离解的记忆"踪迹"，在文本中获得了匿名化的"酝酿"②。因此，相片感知学成为一种解药，是对时代性症状的某种聚焦和曝光。这一相片感知学既指明了主体是一种肉身性存在的物质现实，也指明了主体在相片物质性和肉身物质性相互交融的地带，是一种潜势化的媒介存在。而从中酝酿的情感，则是生命政治无法治理的且能自为地形成见证功能的外部情感。③

　　本编第二部分研究的对象是欧美城市文学。正如我们从塞巴尔德的文本中看到的，生命政治作为一种预兆性氛围与城市化带来的去人性化问题密切相关。海涅从城市中看到的"隐居于这世界中心

---

　　① 这一难以舒缓的情感机制也源于马尔库塞思考的不幸意识与幸福意识间的颠倒，其中，生命的本相是模糊不清的。［美］赫伯特·马尔库塞：《单向度的人：发达工业社会意识形态研究》，刘继译，上海译文出版社 2007 年版，第 52—77 页。

　　② 这类似于布朗肖思考的作为事件化的书写，是不同于历史灾异的作为灾异的思想，布朗肖写道："如果灾异是思想，它不是一种灾异性的思想，而是一种来自外边的思想。我们无法进入外部，但外部总是能够迅速触碰到我们……藏匿，便是灾异的后果……灾异会描述。"参见［法］莫里斯·布朗肖《灾异的思想》，魏舒译，南京大学出版社 2016 年版，第 9 页。

　　③ 福柯分析的知识控制，是一种被剔除了所有情感性也即生命"现象性"后的理性的泛滥，并导致了权力的泛滥。而从本雅明、海德格尔以及舍勒等人的现象学目光中，我们看到情感已经是一种先行的认知行为，它有着自为和自在的意向。文学批评的"当下性"，就是让未被政治化的情感性或这一生命现象性获得开显。

的一种充满恐怖性的东西"①，与生命"现象性"在城市走向晦暗模糊密切相关，也承续了我们前面讲到的渗透和作用于现代性日常生活的历史过程。这一模糊与渗透和城市感知学有关，正如德波、列斐伏尔、哈维和维利里奥对城市感知学整体策略的分析所显示的，城市集中主体的方式，也是它分解主体的方式。分解近似于褫夺，这一近似于生命政治的门槛化处境，不再是历史事件中对生命进行直接夺取的暴力，而是城市空间以变幻莫测的地形学方式，通过混淆生理、物理和心理间的感知比率，而隐蔽地让作为肉身主体的感知始终处于内外不分的境遇。② 其不间断侵入主体心灵世界的动荡过程，使得城市个体出现了判断力遭遇降解，乃至情感意识走向抽象化的风险。正如我们此前讲到的作为触发自我意识的肉身，也是生成情感的界面。城市对主体感知领域的征用，与作为媒介的肉身化主体和作为媒介化的城市场域的彼此交互现象，存在着广泛且精微的关联性。欧美城市文学中被城市力场媒介化的城市个体，同时也相应地被卷入一种情感异化的效果史进程中。瓦莱里所言的"那种由实际需求不断激活的、生活离不开他人的感觉逐渐被社会机制的有效运行磨平了。这种机制的每一步完善都使特定的行为方式和特定的情感活动……走向消失"③，与吉登斯思考的"对可被称之为礼貌的疏远（polite estrangement）的刻意控制"④，都是个体在城市力场陷于进退维谷的门槛时刻。作为生命"现象性"的情感性，始终处于绷紧的顶峰和遗落的虚化之间。由于姿态是再媒介化

---

① ［德］瓦尔特·本雅明：《发达资本主义时代的抒情诗人》，张旭东、魏文生译，生活·读书·新知三联书店 2014 年版，第 177 页。

② 这里当然也涉及私人领域与公共领域之间界限不明的情况，要么是私人领域趋向绝对孤立，要么是公共领域趋向绝对无尺度。

③ 转引自［德］瓦尔特·本雅明《发达资本主义时代的抒情诗人》，张旭东、魏文生译，生活·读书·新知三联书店 2014 年版，第 178 页。

④ ［英］安东尼·吉登斯：《现代性的后果》，田禾译，译林出版社 2000 年版，第 71 页。

后的情感"表达"，也因此，生命政治进入城市，是以一种病理化的方式呈现在城市群体的身体姿态中的，其中的主体姿态有以一种被连续不断注册和修改后的遗失感。① 也是在这里，我们看到了福柯批判的生命政治在城市感知学语境发生的历史演变，即本身作为超级媒介的城市对作为肉身化媒介的主体进行的重构过程。雷德利·斯科特 1982 年导演的电影《银翼杀手》对真人与复制人之间真假关系的伦理探讨，就被设置在这样一个超级媒介化环境中。正如本雅明与麦克卢汉的媒介学思想所揭示的，随着资本主义对生产方式的激进变革，被卷入其中的劳动力主体的知觉结构，也会随着生产方式的变更而发生剧烈的变化。原有的以肉身知觉为媒介的劳动方式，逐渐被技术革命的工业生产和信息生产方式所取代。城市不仅是这一知觉革命的产物，它同时也反过来改造着生命的感知比率，并导致了无法自由运用自身情感的主体形态和大规模潜在的姿态性紊乱。

本雅明写道："被压迫者历来的遭遇告诉我们，我们目前所处的'紧急状态'不是非常情况，倒是惯常情况。我们必须形成一种与这样的认识相一致的历史观。那样，我们就会清楚地意识到，我们的任务就是要促成一种真正的紧急状态，这将改进我们在反法西斯斗争中的形势。法西斯主义之所以有机会得逞，原因之一就是，在进步的名义下，反对者把它看作一种历史的常态。"② 本雅明提到詹姆士·恩瑟尔的画作显示了作为超级媒介的城市力场中的规则和野性，军队和人群间模糊不清的心理现实。而这一模糊不清的心理现实，又与其被来源不明的事物所征用相关，也即生命政治的城市

---

① 实际上本雅明在《发达资本主义时代的抒情诗人》中已经注意到了这一点，阿甘本后来在《无目的的手段：政治学笔记》中推进了对这一问题背后形成机制的探讨。同时参见［加］马歇尔·麦克卢汉《理解媒介：论人的延伸》，何道宽译，译林出版社 2019 年版，第 20—24 页。

② ［德］瓦尔特·本雅明著，陈永国、马海良编：《本雅明文选》，中国社会科学出版社 1999 年版，第 426 页。

化对个体感知进行分解的情感治理过程，虽然这一过程是被包裹在进步的名义下。与其相伴的则是姿态的裂变，因为与姿态的裂变伴随始终的是情感的裂变。欧美城市文学中的作为媒介的城市力场的感知学动力机制，因而就潜在地与滋养一种接近精神分裂的极权主义人格产生了关联性，"在极权国家里，警察和强盗是携手合作的"①。福柯写道："事实上，法律的在场就是它的隐藏。权威地讲，法律常在城市、公共机构、行为和姿势中出没；一个人无论做什么，无论秩序混乱、粗心大意到何种程度，法律已经显示了它的威力。"② 也就是说，法律在这里扮演的是一种作用于主体心理和姿态的闪烁不定的比率化权威，但它却是如阿甘本所思考的通过分解个体生命而还原抽象全体的比率化概念。而这一点正是本雅明在分析詹姆士·恩瑟尔的城市绘画时所思考的问题，规则和野性、军队和人群间模糊不清的心理现实，被无所不在的警察也即门槛所规制③，也即一种在欧美城市文学中蔓延的丧失了生命感知比的卡夫卡式城市体验。病理化的姿态说明了情感治理所导致的个体心灵世界的失序，但正如我们在"复义化的门槛"中所看到的那样，姿态的变数也始终与一种自治化的外部情感有关。欧美城市文学中的矩阵化姿态同时也蕴含着一种外部情感的萌芽，一种形成见证生命

---

① ［德］瓦尔特·本雅明：《发达资本主义时代的抒情诗人》，张旭东、魏文生译，生活·读书·新知三联书店 2014 年版，第 178 页。阿伦特借鉴海登的分析也意指了城市为滋生暴力反叛者提供了感知学土壤，"希特勒早年的政党成员几乎全是不适应环境的人、失败者、冒险家，确实代表了'武装的波西米亚人'，他们只是资产阶级的相反面，而德国的资产阶级为了达到它自己的目的，本应成功地利用他们"。参见 ［美］汉娜·阿伦特《极权主义的起源》，林骧华译，生活·读书·新知三联书店 2014 年版，第 413 页。

② ［法］米歇尔·福柯著，汪民安编：《声名狼藉者的生活》，北京大学出版社 2015 年版，第 164 页。

③ 本雅明实际在分析中已经预见了城市场域的感知失调与警察权威间相互"依存"的关系，本雅明写道："警察的力量是无形的，幽灵般的不可触摸但无处不在地存在于文明国家的生活之中。"换言之，警察有一种能够将无形之物有形化和将有形之物无形化的权威。［德］瓦尔特·本雅明著，陈永国、马海良编：《本雅明文选》，中国社会科学出版社 1999 年版，第 349 页。

"现象性"的南希思考的"共—显"中的情感机制，即无法被生命政治治理的外部情感。这一外部情感就是对紊乱的感知比率进行微调的过程，它不仅是运动中的生命"现象性"，且也重新复原了生命是一种被他者显影或共—显出的"活媒介"这一本源性认知。

概言之，从对塞巴尔德到欧美城市文学的分析，既是对生命政治从莎士比亚的戏剧到城市文学的谱系学的一种考察，也是从门槛到见证再到情感的一种总体化提炼，且门槛、见证、情感在三编中都以不同的变量形式而共存。更需注意的是，从莎士比亚的戏剧性到欧美城市文学中城市与肉身间的媒介博弈，我们将会发现生命"现象性"与生命作为媒介存在之间所存在的广阔学理联系①，而这一点也将成为我们在结论部分进行进一步延展的前提。

---

①　文学既是生命学，也是媒介学，从莎士比亚、梅尔维尔、莱维的文字媒介到塞巴尔德的相片媒介和欧美城市文学中的城市媒介，文学在当下始终在承担着跨媒介和融媒介的艺术功能。比如我们在本书中经常引用的本雅明和南希的思想在本体论层面就是媒介学思想。Sybille Krämer, Medium, Messenger, *Transmission: An Approach to Media Philosophy*, trans. Anthony Enns, Amsterdam: Amsterdam University Press, 2015, pp. 40 – 54. 而福柯、阿甘本和巴特勒的生命政治学，也始终与显示和被显示的媒介思想关联紧密。除此之外，本书整体的论证路径及其所引述的思想资源，也都与生命即媒介的感知学逻辑息息相关。

第五章

走向陌异化的情感—记忆:塞巴尔德作品的相片物质性考论

不同于快乐、悲伤、愧疚、愤怒等有其价值结构的情感样态,是否存在一种难以类别化却又可被主体间共享的匿名式情感?换言之,是否存在一种溢出传统情感结构的陌异性情感形态?在当代欧美文学批评界中心地带异军突起的流散作家 W. G. 塞巴尔德(W. G. Sebald,1944—2001)[1] 的艺术风格,实际与此问题有着异常紧密的关联[2]。凭借《移民者》(*The Emigrants*,1996)、《土星环》

---

① 被称作"当代乔伊斯"的 W. G. 塞巴尔德获得了包括 1994 年柏林文学奖、1997 年莫瑞克文学奖,以及 2000 年海因里希·海涅奖等众多文学奖项,并于在世之时一度成为诺贝尔文学奖关注度很高的作家。包括桑塔格、詹姆斯·伍德、库切等众多评论家都表达了塞巴尔德在文学领域难以量化的重要性。

② 在情感学的研究谱系中,霍根区分了情动理论(affect theory)与情感科学(affective science)两种研究进路,前者强调体验维度,后者强调经验维度。这两种研究取向比较典型地呈现在晚近德勒兹与努斯鲍姆的相关著作中。本书即将探讨的陌异化情感,不属于这两种研究思路所勾勒的情感轮廓。相反,通过对塞巴尔德作品的分析,本书试图思考这种无法结构化的匿名性情感与其触发机制之间的逻辑关联,并由此提出情感学的媒介物质性维度。值得注意的是,在"文学情感的普遍性和陌生性"(the ubiquity and strangeness of literary feeling)中,霍根以古希腊悲剧和莎剧为例,说明文学中存在着一种悖论性情感,如爱与死、悲悼与满足同时共存的现象。霍根虽然没有对此进行深入探究,但这一现象与本书研究的陌异化情感有潜在的学理互动性。除此之外,艾舍与格罗斯等研究者注意到情感与"校准"(calibration)以及分配"经济学"(economy)之间的关联,这些都与情感自身的模糊度及其流态化特性有关。陌异化情感既与这些特性有潜在的关联,但又有其更深的学理地层。本书试图通过对塞巴尔德文本的分析,切近这一复杂性情感,以及由此复杂性揭示塞巴尔德的创作所关联的文学传统。参见 Patrick Colm Hogan,"Affect Studies",*Oxford Research Encyclopedia of Literature*,31 August 2016(available online at < https：//oxfordre.com/literature/view/10.1093/acrefore/9780190201098.001.0001/acrefore–9780190201098–e–105 >);Kenneth Asher,*Literature*,*Ethics and the Emotions*,Cambridge：Cambridge University Press,2017;Daniel M. Gross,*The Secret History of Emotion：From Aristotle's Rhetoric to Modern Brain Science*,Chicago：The University of Chicago Press,2006。

（*The Rings of Saturn*，1998）、《眩晕》（*Vertigo*，1999）和《奥斯特利茨》（*Austerlitz*，2001）四部曲，塞巴尔德的创作不仅与 20 世纪中后期以来人文科学解构诸多领域的宏大叙事不谋而合，而且比起解构所青睐的对诸多总体性进行拆解而对真实悬而不论的旨归而言，塞巴尔德四部曲对寻回真相的执着有着近乎令人生畏的特点。求真是小说亘古不变的动力，对于塞巴尔德的艺术抱负而言，这一点又与其区别于人文主义情感传统的情感表征技艺有着千丝万缕的关联性。

根据对塞巴尔德作品的整体考察，如何让徘徊于可言说和不可言说间的情感得到显影，实际须借助相片在稀缺与过量间游戏的现象学特性来"实现"。在采访中塞巴尔德说道："我向来喜欢图像—文本的关系。在 20 世纪 70 年代，苏珊·桑塔格、罗兰·巴特、约翰·伯格写了许多关于摄影非常有意思的事情。我感到与在这些评论文章所说的话之间有一种直接的亲近感……作者的诅咒是他处理的不是任何具象的事物，而这（相片）是一个可以帮忙的小手段。"① 那么，是什么让相片在特定时刻对读者的感知，进行着一种陌异化的情感施演（Performance of Affect/Emotion）②，并进而让难以回忆之物得到了"保存"？

实际上，端赖于线性逻辑的日常语言所传递的记忆，总会在福柯所言的知识话语中被简化，而缺少相片所具有的即刻让线性时间失效的情感冲力。而这种即刻性情感冲力，又正是由相片本身变幻

---

① Qtd Deane Blackler，*Reading W. G. Sebald*：*Adventure and Disobedience*，New York：Camden House，2007，p. 139.

② 关于施为性或施演性（performativity）的思考，已经得到了人文学科不同领域的呼应。追溯其概念发展史，德里达将其现象学的洞见引入从奥斯汀开始的讨论是尤为关键的。在本文的论证过程中，我们主要分析相片的物质性如何能够施演出一种解构物化记忆的陌异化情感—记忆，如德里达所言，"它生产或改造某一环境，它作用……施为句是一种'交流'，实际上并不把自身局限于传输以真理为旨归的已经建构的语义内容……"转引自［美］于连·沃尔夫莱《批评关键词：文学与文化理论》，陈永国译，北京大学出版社 2015 年版，第 242 页。

莫测的物质性底色所施演的。① 故而，不再将相片作为功能性图示的静态对象，而是借用相片所独具的破除具象的物质爆破力，才能"施演"一种真实的历史情感。正如自海德格尔以来到伊格尔顿的晚近哲学对艺术与物质性关系的深入推进思考所示，物质性总体而言指的是一种不为精神活动所把捉，却能触发精神活动的陌异性力量。② 由于它是一种独立于人之意志的、有着低饱和度的运作之物，也即一种在解蔽的同时遮蔽自身的存在，因此它就与主体自身认知活动未被发现的开放性和可能性相连。不同于形而上学传统中与伦理总体化动机关联于一身的诸种情感结构③，这种源于物质性的有着自治功能的"非知"④，揭示了一种无法总体化的别样情感地形及其不断勾勒的新型记忆伦理。故而，相片的物质性表征不单局限在打断线性时间，而是在于它所激活的一种更为重要的不断增殖的陌异化情感地形及其与之相伴的谜一样的时间性氛围。⑤ 也是在相片物质性所施演的这一稀缺即过量的陌异化情感地形中，记忆在主体迷失于一种时间性的眩晕中自发地涌现了出来。

　　"陌异"是一个既有并列逻辑又有递进逻辑的语词，前者指陌生

---

① 值得注意的是，赫绪提到了相片的施为性问题（performative regime of the photograph），但并未从物质性切入这一问题。参见 Marianne Hirsch, *The Generation of Postmemory*, *Poetics Today*, Vol. 29, No. 1, 2008, p. 117。

② 参见［德］海德格尔《林中路》，孙周兴译，商务印书馆 2015 年版，第 36 页；Terry Eagleton, *Materialism*, New Haven：Yale University Press, 2016, p. 22。

③ 作为一种意识形态化的"虚—构"，这一与伦理总体化动机关联于一身的诸种情感结构，实际依然是一种排斥的吸纳过程，如巴特勒所言的"应激"本身内含的情感维度及其所勾连的政治分化意识。巴特勒写道："'排除'规范建构出各种识别领域，在文化应激模式的作用之下，识别领域便暗中得到激活。由此，我们对某些生命的逝去感到哀悼，却对其他逝者无动于衷。"［美］朱迪斯·巴特勒：《战争的框架》，何磊译，河南大学出版社 2016 年版，第 89 页。

④ 通过对 20 世纪中后期以来哲学发展和艺术变革的提炼式考察，巴特勒与保米斯特等批评家已经注意到艺术"生产性"与"非知"之间的互构性关联。参见 Judith Butler, *Senses of the Subject*, New York：Fordham University Press, 2015；Willi Baumeister, *The Unknown in Art*, trans. Joann M. Skrypzak, Berlin：epubli GmbH, 2013。

⑤ 本雅明、巴特和德里达在有关摄影现象的分析笔触中，实际已经触及情感与氛围二者间模棱两可的矩阵区间，但并未对二者的逻辑关系进行进一步的探索。

与异常的语义杂糅所产生的复调性机制，后者指陌生化效果始终有一种认知意义上的不即性，以及由此不即性而导致的时间性层面的重复化机制。二者共同织就了本书试图探索的情感地形学所意指的极性化张力空间。这种令读者"误入歧途"的既无法锁定记忆但又能感知记忆不断回潮的陌异化物质性情感，在塞巴尔德的四部曲中主要包括三种表征方式。第一种是达弥施思考的触发摄影出现并使历史记忆动荡不安的"无意识的强制重复"①。第二种是不同相片间的异质性关联，是朗西埃所言"直接与故事和历史的'外部'相连"②的重复曝光。第三种是相片中从背景到前景的溢出历史话语的"重复性"面容。"一个历史现象，如果得到纯粹的和完备的认识，并被化解为一种认识现象，则对于认识它的人来说就是死的"③，那么通过相片三种陌异化的物质性情感，重复"曝光"或"施演"过量的历史记忆，就成为塞巴尔德四部曲应对这一难题的艺术方法。

第一节　作为过程：从乌有到世界

按通常的理解，包括人在内的事物总会有坠入虚空的危险，记忆只是防范这一危险所特有的心理机制。虽然这一理解有其素朴的切实性，但它容易将记忆活动与诸如情感、逻辑、审美等心智活动分离开来，将记忆活动简化为阿斯曼分析的仅行使存储功能的记忆"术"④。然而，悬浮在塞巴尔德四部曲中的相片，却揭示了作为媒

① ［法］于贝尔·达弥施：《落差：经受摄影的考察》，董强译，广西师范大学出版社2011年版，第20页。
② ［法］雅克·朗西埃：《图像的命运》，张新木、陆洵译，南京大学出版社2014年版，第75页。
③ ［德］尼采：《不合时宜的沉思》，李秋零译，华东师范大学出版社2007年版，第149页。
④ 参见［德］阿莱达·阿斯曼《回忆空间：文化记忆的形式和变迁》，潘璐译，北京大学出版社2016年版，第21—22页。

介相片的物质性情感过程。借助本雅明就相片洞悉到的在光影间游移不定的灵媒化物质性①，可以进一步推进说，相片能够在收缩观者意识的瞬间捕捉到一种陌异化的"有"，所以大规模的历史记忆，实际是在"无中生有"的情感地形学中被唤起的。

从相片灵媒化的物质性中进一步获知的作为过程的无中生有，并非依某一既定系统被赋予其存在合理性的对象过程。相反，被相片中彼此成就的无法分有的光影物质性所触发的无中生有，并不给出对象，而是在作为肉身物质性的主体与其寓居的物质世界出现难以区分的熔点时刻时，所曝光的"我"是一个稀缺性他者这一陌异化情感现实，本雅明在其中看到了实在，即"灵魂"。不同于巴特在"压抑与听觉"中将"咔嚓"一声与性快感关联在一起的思考路径②，摄影"咔嚓"一声，生产出了狄金森式"绝望的印痕"或"庄严的苦恼"③。这种在相片物质性中知觉到的稀缺性他者意识，更符合拉康到齐泽克思考的"原乐"，因为其陌异化的情感极性或者"快感，就其愚蠢性而言，只能建立在某种非知、无知的基础上"④。在《说吧，记忆》中，叙述者纳博科夫曾这样写道"个人的种种奥秘继续引逗着回忆录的作者。我既不能从环境中也不能从遗传中找到使我成形的具体工具"⑤，而作者插入的相片"物质性"，就在于能够维持这种无中生有的奥秘。这也是为什么围绕自

---

① 参见［德］瓦尔特·本雅明《摄影小史》，许绮玲、林志明译，广西师范大学出版社2017年版，第27—29页。

② 参见［法］罗兰·巴尔特《如何共同生活——某些日常空间的故事性模拟法兰西学院授课讲义（1976—1977）》，怀宇译，中国人民大学出版社2010年版，第115—116页。

③ 转引自［美］哈罗德·布鲁姆《西方正典》，江宁康译，译林出版社2005年版，第234页。

④ ［斯洛文尼亚］斯拉沃热·齐泽克:《意识形态的崇高客体》，季广茂译，中央编译出版社2001年版，第96页。同时参见［法］克莱特·索莱尔《拉康派论情感》，吴张彰译，广西师范大学出版社2023年版，第136—142页。

⑤ ［美］弗拉基米尔·纳博科夫:《说吧，记忆》，王家湘译，上海译文出版社2013年版，第9页。

我之来源而升起的记忆驱力能够自为地在塞巴尔德的四部曲中大规模运作起来的缘由。用本雅明的话说就是，"用史学的方法述说过去并不意味着去辨识它'本来的模样'；而是当记忆中的某种东西在危急时刻闪现的时候去抓住它"①。

在《奥斯特利茨》的前半部分中，当得知自己被传教士父母领养的现实并深陷身世之谜时，奥斯特利茨开始着迷于摄影技术，"从一开始我的主要关心就是分散的事物间的形状及其自足的本性，楼梯栏杆的曲线，门户的铸模石拱和一簇干枯的草丛中叶片盘绕的精密度"②。奥斯特利茨仿佛是在试图通过摄影寻找事物从世界的背景中浮现出来的"规律"。当后半部分奥斯特利茨从其幼儿时的保姆薇拉那里获知母亲曾被关押在特雷津（Terezin）③ 的历史事件后，当难以在隔离区的星状平面图与当时早已物是人非而只剩下活跃着的蛛网间作出区分时，难以通过图示化的方式"分离"出在特雷津消失的母亲，使得奥斯特利茨的记忆焦虑达到了极化。是否事物有所谓的将自身从世界分离出来的"边界"这一问题④，实际在奥斯特利茨偏好相片的倾向中得到了回答。"奥斯特利茨说，在摄影工作中，当现实的影子，可以这么说，在曝光的纸片上从虚无中浮现出来时，我总是尤其入迷，一如半夜中

---

① ［德］瓦尔特·本雅明著，陈永国、马海良编：《本雅明文选》，中国社会科学出版社 1999 年版，第 424—425 页。

② W. G. Sebald, *Austerlitz*, trans. Anthea Bell, London: Penguin Books, 2011, p.108.

③ 特雷津，捷克境内波希米亚北部市镇，1941—1945 年纳粹德国用作关押犹太人的隔离区。

④ 在其《自然之后：一部元素诗》的"幽暗的夜晚启航"这一即将展开叙述者身世的章节开头，作者塞巴尔德实际就袒露了对此问题的关注。叙述者写道，"难以发现的/是那些保存在/岩板中间的史前/有翅脊椎动物。倘若我在画里/看到先我而逝去的/那些生命的脉络，我总会想起/这或许与真理有一些/关联。大脑固然借助某种/即便很微弱的自我组织残余/而持续运作/从中有时会产生/一种秩序。它局部美丽/并令人平静，却比先前的/无知状态更加残酷。/究竟要往回走多远/才能找到开端？"参见［德］温弗里德·塞巴尔德《自然之后：一部元素诗》，任昱璞译，广西师范大学出版社 2023 年版，第 115—116 页。

到来的记忆，如果你试图抓住它们会再暗淡下去一样，就像一张留在显影液中太久的洗印的照片。"① 对奥斯特利茨而言，整个世界都是一张留在显影液中的相片，浮现与消逝相偕而行，而非此消彼长，所摄对象与作为注视者的主体间存在一种潜在化的相溶性。② 这种游弋在凝定与解体之间的流体世界，让包括人在内的事物间的界限，并没有规律可循，主体实际就是"一片混沌不清的底色"③，物质与精神并没有泾渭分明的边界。那么，作为一张相片的世界及其无法被分割的事实，如何解释穿插相片的《奥斯特利茨》能够唤起大规模历史记忆的过程？

伊戈尔顿注意到了物质的"坚固性"（intractability），不是为万物赋予基础的人类理性，而是一种先于存在物却又维系它们的环环相扣的陌异整全感。④ 相片的物质性，正在于它的这种使意识无力的难以屈服的柔韧性。巴特分析道："相片属于那种叠压在一起的对象的种类，在不毁灭它们两者的情况下是不能分离出它们的两层来的。"⑤ 没有外框与内容间的区分，如同巴特认为的黏连于一身的窗玻璃或风景、善与恶、欲望及其欲望对象一样，相片自持其特有的顽固性。⑥ 进一步推进巴特的这一观点则是，相片是一个背景

---

① 参见 W. G. Sebald, *Austerlitz*, trans. Anthea Bell, London：Penguin Books，2011，p. 109。这一点还可以联系麦克卢汉分析摄影时所借用的乔伊斯的摄影"使语源虚无化"的观点，也即我们这里思考的主体即为无中生有的稀缺性物质现实。同时，麦克卢汉从乔伊斯的思考中，洞见到了摄影也是一种身体延伸的见证活动，也即一种让扩散中的身体知觉获得持续显现的过程。参见［加］马歇尔·麦克卢汉《理解媒介：论人的延伸》，何道宽译，译林出版社2019年版，第238—239页。

② Susan Sontag, *On Photography*, New York：Rosetta Books，2005，p. 121.

③ ［法］埃马纽埃尔·列维纳斯：《从存在到存在者》，吴蕙仪译，江苏教育出版社2006年版，第67页。

④ Terry Eagleton, *Materialism*, New Haven：Yale University Press，2016，pp. 6–7.

⑤ Roland Barthes, *Camera Lucida：Reflections on Photography*, trans. Richard Howard, New York：Hill and Wang，1981，p. 6.

⑥ Roland Barthes, *Camera Lucida：Reflections on Photography*, trans. Richard Howard, New York：Hill and Wang，1981，p. 76.

与前景彼此相溶、明与暗彼此成就的活跃地带。它在洋溢着一个
"一视同仁"的世界，"即任何叙事行为和意义跨越都无法穿透的
整块"①，是一种谁也无法动摇的神秘整体性。穿插于《奥斯特利
茨》中的相片这一物质性情感，不仅证实着奥斯特利茨已置身其中
的稀缺性事实，同时也引发了由自我起源的焦虑而寻找父母的记忆
活动。换言之，感受到自身即为无中生有的奥斯特利茨，不仅震惊
地意会到置身其中的"我"的稀缺性，同时也在一种原乐化的陌异
性情感驱力中，强制性地重复证实着其无中生有的父母之稀缺性事
实。由相片物质性触发的这种"把主体作为现在还有点谜团的东
西，而且人类全体成为相互之间稍稍有点不可思议（或者说未知）
的存在"②的陌异化情感机制，证明了"意义只能在某些相互连接
的存在里被发现……意义和神秘不可分割，而如果没有时间的流
逝，它们就都不可能存在"③的记忆真相。

此处约翰·伯格将本雅明对故事的理解，转换为对相片的理
解，也同样是《移民者》为何借穿插相片唤起大规模历史记忆的艺
术动因。渗透于文本间的相片物质性"灵晕"，所起到的作用也如
同本雅明对故事的分析，是既能"提供把事件镶嵌到世界的神秘大
进程中的一种方式"④，又从而能让"它保留集中起自己的力量，
即便在漫长的时间之后还能够释放出来"⑤的情感记忆。因用木炭

---

① ［法］雅克·朗西埃：《图像的命运》，张新木、陆洵译，南京大学出版社2014年版，第16页。
② 顾铮编译：《西方摄影文论选》（修订版），浙江摄影出版社2007年版，第130页。或借用梅洛-庞蒂的思考，相片的这一物质性，"不是串联诸多概念，而是描述意识与客观世界的混合、对躯体的介入以及与其他意识的并存。"参见［法］梅洛-庞蒂《电影与新心理学》，方尔平译，商务印书馆2019年版，第27页。
③ ［英］约翰·伯格著，［英］杰夫·戴尔编：《理解一张照片：约翰·伯格论摄影》，任悦译，中国美术学院出版社2018年版，第94页。
④ ［德］瓦尔特·本雅明著，陈永国、马海良编：《本雅明文选》，中国社会科学出版社1999年版，第317页。
⑤ ［德］瓦尔特·本雅明著，陈永国、马海良编：《本雅明文选》，中国社会科学出版社1999年版，第311页。

笔作画,《移民者》第四章,弗伯的皮肤出现了金属光泽,叙述者感到弗伯的存在状态仿佛海市蜃楼的沙漠。如同奥斯特利茨,弗伯在这里也成了一张在显影液中显影难分的相片。皮肤变黑实际也让弗伯想到了曾在报纸中读到的关于银中毒的摄影助手,后者的身体因长时间吸收银元素以至于变成了感光板。弗伯甚至补充道这个摄影助手的脸和手臂会在强光下显影成蓝色。[①] 在松散的情节逻辑中出现的弗伯的这段突如其来的关于摄影的回忆,暗示了相片的光影物质性对情感机制所起的建构作用。南希分析认为相片在诞生之时便节省自身,在洗印时又返回摄影之时,后者让我们感知到一种熟悉的即刻性。[②] 换言之,南希的思考依然延续了相片转瞬即逝的物质性,或由其引发的稀缺性他者意识,依然确认了作为主体的弗伯即使想要隐遁于无形但已与世界粘连于一身的感光板存在状态。它是一种"呈现被置于客观世界之中、承受着他人的目光、从他人那里知晓自己身份的意识"[③] 之曝光,而这一曝光同时又是一种令主体感到焦虑不安的"无中生有",是一种始终悬挂在他人目光上的主体之形成的事件性"过程",它在形构着一种主体与他者之间密不可分的有其无限深度的物质性伦理关系。《移民者》里相片的这一物质性的陌异化情感,通过一种接近封印的方式[④],承认着南希所言的"我们这些人"的稀缺性,"因为我们在物质的被动状态本

① W. G. Sebald, *The Emigrants*, trans. Michael Hulse, London：Vintage Books, 2002, p. 164.

② Jean-Luc Nancy, *The Ground of the Image*, trans. Jeff Fort, New York：Fordham University Press, 2005, p. 106.

③ ［法］梅洛 - 庞蒂:《电影与新心理学》,方尔平译,商务印书馆 2019 年版,第 26 页。

④ 正如列维纳斯的思考所示,"铭于存在之中并不等于铭于世界之中。从主体通向客体、从自我通向世界、从一个瞬间通向另一个瞬间的道路并不从一个存在者在存在中被置放的位置上穿过——这个位置只能由人类自身存在所唤醒的不安定感、对一向如此熟悉的'身在此处'这一事实所产生的陌生感,以及如此不可避免、如此习以为常但又突然变得如此无法理解的对这个存在之承担的必要性来揭示"。参见［法］埃马纽埃尔·列维纳斯《从存在到存在者》,吴蕙仪译,王恒校,江苏教育出版社 2006 年版,第 125—126 页。

身中也遇到人的深不可测的自由"①，从而得以强制性地重复唤起关于包括弗伯父母在内的死于第三帝国时期的受害者记忆②。

《眩晕》第四章叙述者回到阔别已久的故乡 W。在早已物是人非的 W 及其完全变样的恩格尔维特客栈，叙述者想起在 1948 年或 1949 年间的冬天在那上演的席勒的剧目《强盗》的情节。这段往事给叙述者留下深刻印象的是《强盗》露天表演时的情景，其中强盗摩尔骑马出场，叙述者记叙道："我相信正是在这样的场合我第一次注意到在它们的眼睛里马总有着一种莫衷一是的疯狂的目光。"③ 文本此处如其他三部曲一样插入了一张骑着马挂着长剑的摩尔，以及在背后展开的一棵树的相片。在叙述者的记忆中，这是在 W 最后的一次剧目演出。"只有在狂欢节期间演员们才会再次穿上戏服，加入到狂欢的游行中并且与消防队和小丑们一起在他们的位置上拍摄集体照片。"④ 之后，笔锋突然一转，叙述者终于看到了在按了多次响铃后倏忽出现在前台的一个女人。

相片成为命定的过去与倏忽而至的现在间的缝合点，浮现在相片中的马、树木、演员摩尔、房子、狂欢节期间的群像与突然浮现

---

① ［法］让－保尔·萨特：《萨特文论选》，施康强选译，人民文学出版社 2024 年版，第 126 页。

② 值得注意的是，对"稀缺性"的感知，实际源于摄影与死亡的暧昧关系，阿斯曼借用普鲁斯特，描述了摄影为何能录入死亡进而引发记忆的过程。"对于死亡的突然顿悟，就像一道闪电，以超自然、超人类的图像把它埋入我的身体，就像埋入了一个神秘的双重痕迹"。阿斯曼所言的这种与相片有关的"刻印的直接性"所蕴含的双重性，导向的则是一种在死亡中瞬间瞥见到的生之稀缺性。参见［德］阿莱达·阿斯曼《回忆空间：文化记忆的形式和变迁》，潘璐译，北京大学出版社 2016 年版，第 281 页。赫绪（Marianne Hirsch）说道："当我们看着来自丢失的过去的世界中的摄影图片时，尤其是那被强力所销毁的世界时，我们寻找的不仅是信息或确认，我们也在寻找一种亲密的物质性的或者情动性的联系（material and affective connnection）"。参见 Marianne Hirsch, "The Generation of Postmemory", *Poetics Today*, Vol. 29, No. 1, 2008, p. 116。这里提示了相片的物质性与情动性之间的关联。相片的物质性所揭示的作为感光板存在状态的主体，与德勒兹讨论的倏忽即逝的情动有着关联性。情动是一种时间性的呈现，可参见德勒兹在《前高原》中以洛尔迦等诗作展开的对瞬间与永恒之关系的讨论，这里不再复述。

③ W. G. Sebald, *Vertigo*, trans, Michael Hulse, London：Vintage Books, 2002, p. 190.

④ W. G. Sebald, *Vertigo*, trans, Michael Hulse, London：Vintage Books, 2002, p. 190.

在前台的女人间的时间分界线消失了。相片的灵媒化物质性及其走向陌异的情感地形，不仅"确认着你在这个世界中的存在感"[①]，也"生产"着一种过去与现在难分彼此的时间性眩晕，即我们仿佛都被陈放在一个时间失效了的世界中的神秘情景。这就是光影互相成就的相片物质性所具有的情感施演性，它的媒介化过程在这里就意味着它的非明非暗的灵媒化，而它的灵媒化就在于证实着一个与世界通连着的在银度和数值度间飘忽不定但无法被分有的主体[②]，即令意识敬畏的"我是一个他者"的陌异化事实。如同狄金森感知到的"暗者"，是恐怖、着迷和欣喜并列共存的情感状态。[③] 这是一个与世界难解难分总处在扩散情势中的主体。南希分析认为，相片所呈现的永远都是一个处在效价化与趋势性中的主体[④]，如同《强盗》剧情本身中摩尔的身份在贵族、强盗与凡人之间的游移。"呈现就是相对化，就是放在上下文和呈现的条件中，在这一情形中就是可塑的上下文与条件"[⑤]，但相片的物质弹性并不塑造事物从中浮现出来的条件，而是曝光事物与世界间彼此共享的事实。其中

---

① ［英］约翰·伯格著，［英］杰夫·戴尔编：《理解一张照片：约翰·伯格论摄影》，任悦译，中国美术学院出版社 2018 年版，第 93 页。

② Jean-Luc Nancy, *The Ground of the Image*, trans. Jeff Fort, New York：Fordham University Press，2005，p. 105，p. 106.

③ 参见［美］哈罗德·布鲁姆《西方正典》，江宁康译，译林出版社 2005 年版，第 230 页。布鲁姆分析狄金森的思路，也呼应了从艾略特"消灭个性"到布朗肖所言的"和激情、性格、品行相关"的混杂性情感意识。这些实际依然可以回溯到利奥塔思考的物质与精神相互连通的思想：精神的物质性或者物质的精神性，揭示了主体只是一种"转换器"，而情感的陌异化现象，也指明了主体作为"变数"或"杂多"的本质。参见［英］托·斯·艾略特《艾略特文学论文集》，李赋宁译，百花洲文艺出版社 1994 年版，第 1—11 页；［法］莫里斯·布朗肖：《未来之书》，赵苓岑译，南京大学出版社 2015 年版，第 30 页；Jean-Francois Lyotard, *The Inhuman：Reflections on Time*, trans. Geoffrey Bennington and Rachel Bowlby, Stanford：Stanford University Press，1991，pp. 36 – 46.

④ Jean-Luc Nancy, *The Ground of the Image*, trans. Jeff Fort, New York：Fordham University Press，2005，p. 168.

⑤ Jean-Francois Lyotard, *The Inhuman：Reflections on Time*, trans. Geoffrey Bennington and Rachel Bowlby, Stanford：Stanford University Press，1991，p. 126.

作为一个点的稀缺性主体，在分享一个不断扩展的面的世界时，是
一个自身确定性不断消减，而自身他异性不断增强的情感化光影过
程。这是一个在扩散中愈发坚韧的主体，是一个被世界所强制性分
享的他者。因此，过去的演员摩尔、消防队员、小丑和现在的女人
之间的身份界限，在伯格所言的传染着我们的世界面前消失了，而
它所强制性重复唤起的则是1949年前的第三帝国的种族政治导致
历史灾异的大规模记忆。

　　同上，在《土星环》第八章和第十章中分别插入的两张有关制
糖业和蚕丝养殖业的相片物质性，也在证实着塞巴尔德的用意。虽
然相片在其中指涉的是在历史进程中被束缚在田间与蚕丝板上的制
糖工与蚕丝工，但它也同时揭示了"自我的古老主权"①。这同样
是一种让时间失效的不受侵犯的"在那里"②。塞巴尔德说道："它
只是一种更为古老的观看事物时的残余。"③ 而这种幸存下来的更为
古老的观看事物的方式，或它所意指的与物质世界无法分离的"暗
者"，唤起的则是大规模生命在求新求变求快的资本主义经济历史
中被抹除的记忆现实。概言之，塞巴尔德四部曲中灵媒化的物质
性，不仅重复地施演着自我从乌有到世界这一坚不可摧的陌异化情
感，也重复唤起了置身其中的"我"即是南希所言的"我们"这
一令读者眩晕的记忆伦理。作为无法穿透的整块化相片物质性，揭
示了"我"是一个占据一片空间的存在，一种与他人共同失根的
"微妙的威胁"④。如果说"摄影承载了一种见证，人类正在给定条

---

① Qtd Roland Barthes, *Camera Lucida*: *Reflections on Photography*, trans. Richard Howard, New York: Hill and Wang, 1981, p. 8.

② Roland Barthes, *Camera Lucida*: *Reflections on Photography*, trans. Richard Howard, New York: Hill and Wang, 1981, pp. 76 – 77.

③ Eleanor Wachtel, "Ghost Hunter", in Lynne Sharon Schwartz, ed., *The Emergence of Memory*: *Conversations with W. G. Sebald*, London: Seven Stories Press, 2007.

④ [美] 哈罗德·布鲁姆:《西方正典》，江宁康译，译林出版社2005年版，第228页。

件下实施自己的选择"①，那么由相片物质性施演的这一双重"强制性"情感机制，唤起的却是在破坏这一给定条件下出现的无数历史灾异及其难以定位的记忆矢量②。

第二节　作为传导：从不谐到调谐

如果说穿插于塞巴尔德四部曲中的相片，在一种灵媒化的物质性光影中，揭示了主体是一种无法从世界脱身而出的"稀缺即过量"的强制性曝光过程，那么，当"让技术与魔术间的差异作为一个完全的历史性变数可见了"③之后，流动在四部曲叙述流中的相片，又出现了一种不同于整全世界的解世界化过程，即"一种不断延搁的急迫性，一种某事会在人们完全意想不到的地方发生的均等的可能性"④之世界。这一"世界的存在不能以任何方式停止它不可理解的性质"⑤的陌异化情感地形，往往不是由叙述途中的单个相片绘制的，而是潜伏在叙事进程中不同相片间的物质性所形塑的陌异化关联之中。换言之，这是一个在语言文本之外有着自己语言的相片文本。远景与近景的相片之间，静景与动景的相片之间，物景与人景的相片之间，或者篇首与结尾的相片之间等，以及将它们

---

① ［英］约翰·伯格著，［英］杰夫·戴尔编：《理解一张照片：约翰·伯格论摄影》，任悦译，中国美术学院出版社 2018 年版，第 23 页。

② 在卡尔维诺的思考语境中，通过借鉴数学中具有大小和方向的动力含义，"矢量"一词指明了文学意义是一种介于轻重之间、若有若无的自显运动。在本文的思考语境中，相片物质性激活的"过量"记忆，实际就是一种无法从理性筛选到沉淀为静态对象的矢量化记忆。参见［意］伊塔洛·卡尔维诺《新千年文学备忘录》，黄灿然译，译林出版社 2009 年版，第 11、12 页。

③ W. Jennings eds., *Selected Writings*, Vol 2, trans. Rodney Livingstone eds., Massachusetts：The Belknap Press of Harvard University Press, 2006, p. 512.

④ ［法］吉尔·德勒兹：《〈荒岛〉及其他文本：文本与访谈（1953—1974）》，董树宝、胡新宇等译，南京大学出版社 2018 年版，第 368 页。

⑤ ［法］乔治·巴塔耶：《内在经验》，程小牧译，生活·读书·新知三联书店 2017 年版，第 196 页。

打乱后的再分配过程，没有任何意指关联的相片与相片"之间"，所生成的陌异化物质关联及其歧义性曝光过程，成为塞巴尔德四部曲情感记忆的另一种表征方式。

第一章塞尔温大夫的自杀与第二章贝瑞特的自杀之间存在何种关系的"紧迫性"，虽然是《移民者》给读者制造的智性焦虑，但也是文本能够继续下去的推力。陌异化的"紧迫性"本身成为一种答案，或是答案的一种变形。除了叙述风格外，这一叙述推力还能从分布在两章的相片间的关联中找到。在第一章塞尔温大夫的故事中，叙述者讲述到退休后的塞尔温大夫，在天气允许的情况下，经常在花园角落的一个燧石筑起的房屋中隐居。偶然的一次，叙述者看到塞尔温大夫正在用曾去印度前所购的枪支瞄向蓝天，"当他最终开枪后，对我而言仿佛是一阵永恒之后，枪声带着碎裂的碰撞落下花园"①。此时，文本中插入了一张塞尔温大夫隐居其间的燧石屋，看上去仿佛史前的遗迹，既触目又隐晦，而随着叙述的推进，塞尔温大夫最终用同一支枪结束了自己的生命。在第二章贝瑞特的故事中，叙述者开篇便叙述到他的小学老师贝瑞特在其七十四岁生日之后的一个星期卧轨自杀，配有一张近处有钢轨和云杉，远处有山脉及天空的相片。一张看上去坚硬的燧石屋与另一张看上去带有铁轨的柔和风景间唯一的共同点，就是两个人物的自杀。两张相片构成了朗西埃所言的一种并非苦中作乐的"双重诗意"。依然保留着"美学关注的悬置可能性"②的燧石屋，"充当某种直接记录在无名者外貌、衣着和生活环境上的状况的无声见证人"③。因为在花园角落看上去乌黑一片的燧石屋，就是塞尔温大夫在世界中的处

---

① W. G. Sebald, *The Emigrants*, trans. Michael Hulse, London: Vintage Books, 2002, p. 11.

② 顾铮编译：《西方摄影文论选》（修订版），浙江摄影出版社2007年版，第75页。

③ ［法］雅克·朗西埃：《图像的命运》，张新木、陆洵译，南京大学出版社2014年版，第20页。

境：笨重、孤孑、哑然，人物自身成为物自身，这是一张"不再是符号而是事物本身"① 的相片，并构筑了一种萨特所言的"他的自由与事物之所以同质，是因为两者都是不可探测的"② 知觉化记忆效果。而有关贝瑞特的风景照，"又充当一个我们永远不能知晓的秘密的持有者，这是向我们提供外貌的图像所掩盖的一个秘密"③。鲍德里亚分析摄影时说道："你认为你只是因为喜欢某个景色而把它拍摄下来。可是，希望被拍摄成照片的其实是这个景色自己。这个景色在表演，而你只不过是配角而已。主体只不过是一个要素而已，作为结果，具有讽刺意义的是，是主体才使得事物显现。"④ 更具讽刺意味的是，这个能够让景色显现自身的作为"秘密"的稀缺性主体贝瑞特⑤，却在涌来的火车前闭上了眼睛。成为燧石屋本身的塞尔温大夫与如风景一样敞开的贝瑞特，最终在塞尔温大夫用枪瞄准天空之蓝时，实现了一种大规模的曝光，一种史无前例未完成的陌异性情感姿态⑥，诱发了第一次世界大战前到第二次世界大战后犹太人流亡与覆灭的大规模历史记忆。相片间这种陌异化的物质性关联所形成的解世界化的传导性，激烈地调谐着那些试图将其遗

---

① Roland Barthes, *Camera Lucida：Reflections on Photography*, trans. Richard Howard, New York：Hill and Wang, 1981, p. 45.

② ［法］让－保尔·萨特：《萨特文论选》，施康强译，人民文学出版社 2024 年版，第 167 页。

③ ［法］雅克·朗西埃：《图像的命运》，张新木、陆洵译，南京大学出版社 2014 年版，第 20 页。

④ 顾铮编译：《西方摄影文论选》（修订版），浙江摄影出版社 2007 年版，第 124 页。

⑤ 之所以为秘密，源于相片以其特有的物质性风格，保留了一种主体与物质间的亲密性深度，列维纳斯写道："一旦我睁开双眼，被构造者之向条件的'转变'就实现出来了：唯有在我已经享受景色时，我才能睁开双眼。"［法］伊曼纽尔·列维纳斯：《总体与无限：论外在性》，朱刚译，北京大学出版社 2016 年版，第 111 页。

⑥ 参见［法］乔治·巴塔耶《内在经验》，程小牧译，生活·读书·新知三联书店 2017 年版，第 157 页。这里也可联系萨特的思考，萨特写道："在审美喜悦里，位置意识是对于世界整体的意象意识，这个世界同时既作为存在又作为应当存在，既作为完全属于我们自己的又作为完全异己的，而且它越是异己就越属于我们。"［法］让－保尔·萨特：《萨特文论选》，施康强译，人民文学出版社 2024 年版，第 129 页。

忘的历史所具有的不谐意图。

正像《移民者》中贝瑞特的恋人海伦及其母亲最终有可能被闷罐火车遣送到特雷西亚施塔特集中营一样，《奥斯特利茨》中奥斯特利茨的身世之谜，也是通过相片与相片间陌异化的物质性关联得到曝光的。奥斯特利茨曾与好友杰拉德一起度假，观赏风景、讨论鸽子的迁徙、观察飞蛾的习性，以及与杰拉德一起在夜晚飞行。当讲到与杰拉德一起在飞机的座舱中感受如浮雕般从大地浮现的泰晤士河河口与镶满各式星座的移动的天穹时，奥斯特利茨说道："他（杰拉德）讲到有巨大范围的星际气体如同暴风云一般被聚集成向虚空发送出若干光年的浩瀚的不断翻腾的形状，在重力的影响下新的星体会在一种稳步的逐渐加强的压缩过程中诞生。"① 杰拉德的这一说法，在奥斯特利茨看到哈勃望远镜拍摄到的一张宇宙空间的相片时得到了确认。在之后的一次飞行途中，杰拉德再也没有回来。随着后期的叙述，奥斯特利茨向叙述者讲到自己前往布拉格查询自己身世档案的经过。档案馆门房的对面是一个来访者需要进行登记的地方，没有过多描述而只是给出了一张相片。相片上有一面白墙，三张参差不齐的桌具，以及稀疏摆放的表格和文档，墙壁上还挂有一个不大不小的时钟。杰拉德的情节与相隔甚远的档案馆经历之间到底有着怎样的关系，不再能从叙事逻辑中得到推导，而只能从插入文本的两张相片间的物质性关联中显露出来。

列维纳斯在分析摄影时写道："这种在我们和事物之间安插一个事物的形象的手段，产生了让事物脱离其世界背景的效果。"② 借助相片，需要奥斯特利茨登记并从而能接下来帮助奥斯

---

① W. G. Sebald, *Austerlitz*, trans. Anthea Bell, London: Penguin Books, 2011, 163.

② ［法］埃马纽埃尔·列维纳斯：《从存在到存在者》，吴蕙仪译，江苏教育出版社2006年版，第55页。

特利茨找到其身世档案的场所，成了一个从世界背景中脱离开来的在白墙、桌子、时钟以及表格间游弋不定的存在。"图像不再是一种思想或一种情感的编码式表达。它不再是一个复本或是一种解译，而是事物说话和沉默的一种方式。可以说它进驻到事物的中心，成为无声的言语。"① 这是一张始终处在潜势中的相片，因为它"是事物直接记录在其（奥斯特利茨）身躯上的意指，是有待解读的事物的可见语言"②。南希为此写道："相片的秘密，它的迷失和偏离的最为清澈的神秘，就在于它逃进了熟悉之物最为中心的陌生里。"③

如果说这是一张朗西埃思考的事物说话的相片，那么宇宙星云则是一张"剥下所有特性"④ 的事物沉默的相片，是朗西埃所言"从反面向事物和存在者借鉴了无意义物的辉煌"⑤ 时刻。在后者的无意义生产中，诞生了一个具有身体且试图通过飞离地面而远离晦暗生活的杰拉德。两张间隔遥远的相片，通过"成为身体承载记录的进程和身体赤裸在场而又无意指的中断功能之间的转移"⑥，而实现了一种陌异化的情感机制及其曝光功能，唤起了杰拉德于第二

---

① ［法］雅克·朗西埃:《图像的命运》，张新木、陆洵译，南京大学出版社 2014 年版，第 18 页。

② ［法］雅克·朗西埃:《图像的命运》，张新木、陆洵译，南京大学出版社 2014 年版，第 18 页。

③ 参见 Jean-Luc Nancy, *The Ground of the Image*, trans. Jeff Fort, New York: Fordham University Press, 2005, p. 106. 这一陌异化情感还可以追溯到列维纳斯思考的"身体即置放"所引发的情感极化现象，相片的物质惰性在某种程度上摹拟着一种难以预测的灵魂之情状，它完成了某种令灵魂不适的"注册"行为，其中没有任何可能引发暴力的超越之可能。列维纳斯写道："超越并非存在论历险的根本性步骤。后者是建立在置放的非超越性之上的。情感的模糊决不是对光的简单否定，而是为这个先行事件提供了佐证。"参见［法］埃马纽埃尔·列维纳斯《从存在到存在者》，吴蕙仪译，江苏教育出版社 2006 年版，第 125 页。

④ 顾铮编译:《西方摄影文论选》（修订版），浙江摄影出版社 2007 年版，第 125 页。

⑤ ［法］雅克·朗西埃:《图像的命运》，张新木、陆洵译，南京大学出版社 2014 年版，第 18 页。

⑥ ［法］雅克·朗西埃:《图像的命运》，张新木、陆洵译，南京大学出版社 2014 年版，第 19 页。

次世界大战最后一个冬天从空中被击中并落入阿登高地的父亲，到
奥斯特利茨被遣送至特雷西亚施塔特集中营并无故蒸发掉的母亲间
的大规模死于战争的受害者记忆。通过相片间所产生的这一陌异化
的物质性关联，近在咫尺登记身份的桌子与置身其中的深远星空
间，哪个能够陈放更多的档案？诞生星体的浩瀚宇宙，也在诞生着
一个凝望着桌子却无迹可寻的奥斯特利茨。登记在案的奥斯特利茨
与诞生在星云间的奥斯特利茨，哪个更为真确？挂在墙上静默的时
钟与旋转的天穹间，哪个更有准度？极近的事物与极远的事物间界
限消失的时刻，也是世界在解开自己的时刻，因为主体所看到的总
是少于主体将要看到的。这"是解开物的威力，是从未开始的东西
的威力，它从未被连接过，可以将一切带进它那没有年龄的节奏
中"①，以一种陌异化的情感调谐方式，"让一个世界背后的世界显
现出来：家园舒适后面的遥远冲突"②。

　　朗西埃写道："存在一种非思的思想，思想不仅是不同于非思
的元素，也是以非思形式来运行的。"③ 在相片间的物质性关联所形
塑的陌异化情感机制及其曝光中，《土星环》与《眩晕》也同样是
一种解世界的过程。这一由物质性的陌异情感触发的大规模濒临消
亡的记忆伦理，让习以为常地将记忆视作存储工具的物化思维自行
脱落。相片间陌异化的物质性关联，也在绘制着主体"误入歧途"
的陌异化情感地形。可以说，穿插在塞巴尔德四部曲中的相片间的
陌异化物质关联，成为克服现代性主体将所见之物自动标准化也即
遗忘的重要艺术方式。因为确如克拉里认为："正当技术文化内的

---

　　① ［法］雅克·朗西埃：《图像的命运》，张新木、陆洵译，南京大学出版社2014年版，第
78 页。

　　② ［法］雅克·朗西埃：《图像的命运》，张新木、陆洵译，南京大学出版社2014年版，第
77 页。

　　③ ［法］雅克·朗西埃：《审美无意识》，蓝江译，南京大学出版社 2020 年版，第
20 页。

专注知觉持续不断地获得自动化形式的历史时刻，被认定为'自动'的人类行为模式却被判定为具有病理性和社会危险性……其中'心智器官'的最高活动出现缺失……包括'记忆、情感、推理和自主行为'。"① 在这一历史背景下，塞巴尔德四部曲中的相片与相片间的物质性关联，所形塑的无法被稀释的陌异化情感地形，才能有其令人生畏的伦理意向———一种从不协到调谐的曝光中的历史真相，也即解世界的传导过程，才能在文本之间发酵且蔓延起来。因为，归根结底，相片揭示了桑塔格所言的人们在其中的不安全的空间。②

第三节　作为悬搁：从背景到前景

从被世界分享的整全式存在感知，到分享存在的解世界感知，是相片物质性在其特有的陌异化情感显影机制中撒播大规模历史记忆的两种方式。空间、色彩、体积、阴影、深度等关于摄影的语言游戏，揭示了相片是一种"浮现"中的物质性艺术形式，并让塞巴尔德本就离散化的散文语言获得了一种更为深刻的物质助推力。第一章中的作为过程的相片与第二章中的作为传导的相片，是塞巴尔德四部曲两种让记忆矢量浮现的物质性情感方式。而这一章我们即将探究的，则是穿插于四部曲中的相片的第三种物质性，即相片化的物质性人脸，在陌异化情感机制中浮现时如何诱发大规模

①　Jonathan Crary, *Suspensions of Perception*：*Attention*，*Spectacle*，*and Modern Culture*，Massachusetts：The MIT Press，2001，pp. 147－148.

②　参见 Susan Sontag, *On Photography*，New York：RosettaBooks，2005，p. 6。康德思考认为过去蕴含着一种崇高的情感维度，而本书探讨的相片物质性，则让这一崇高化的情感更加激进化，因为康德分析的崇高与弗洛伊德思考的"多重决定"的情感机制间，存在着深度的介入关系。康德在其中写道："如果它是展望着无法窥见的未来的，那么它就具有某些令人畏惧的东西。"参见［德］康德《论优美感和崇高感》，何兆武译，商务印书馆2020年版，第3—5页。

记忆矢量的过程。塞巴尔德选择的相片，绕过了巴特认为的"好相片不是像这个人而是就是这个人"的判断标准。更为值得注意的现象是，摄影本身"第一次即最后一次"的物质性的悖论式定格，却成就了作品中人像面容的既非第一次也非最后一次的复多性浮现。相片化的物质性人脸，是总在一种定格中悖论地浮现着的他者现象。① 我们将会看到，四部曲中在相似与不相似间游牧的"脸"，也是塞巴尔德通过相片的陌异化物质性，曝光大规模历史的情感"地貌"。

　　相比于追求叙事逻辑中一以贯之的完整性，塞巴尔德的四部曲从不缺乏对于溢出之物的执迷。心领神会是读者在阅读作品时常有的感受。读者与作品间的这种若即若离的共契，得益于作品自身总会"节外生枝"的形式。而在相片系列中偶然出现的人脸，则是这一在意义与无意义间不断偏转的形式中最为节外生枝的参数。《土星环》第八章叙述者来到了作家爱德华·菲茨杰拉德长大的地方伯奇庄园，叙述者在其简洁的笔墨中勾勒出了菲茨杰拉德1809—1883年的生命痕迹。本就渐趋虚化的叙述写法，直到在插入一张菲茨杰拉德生平唯一的一张相片时，获得了一种聚焦感。然而，这张呈现侧脸的人像相片，不仅没有使读者原本模糊的叙述视象变得更为清晰，反而让关于菲茨杰拉德的描述愈加迷离。菲茨杰拉德向其侄女们带有歉意地解释道："如果他直视着照相机，他患疾的眼睛会眨得太多"② 的说法，并不是生理性不适，而是拍照过程中一种本质性的心灵失调。因为根据巴特的分析，拍照过程实质上是一种不确定的出生过程，"我感觉到按照它的变幻无常，摄影造就着我的身

---

① 对应前两章，物质性相片呈现的脸，既有着整全世界的自足性，又有着解世界的他异性。

② W. G. Sebald, *The Rings of Saturn*, trans. Michael Hulse, London：Vintage Books, 2002, p. 206.

体或者让它腐坏"①。菲茨杰拉德的眨眼，即是在出生与不出生间的短路②，而这一点又是由相片第一次也即最后一次的物质性悖论所决定的。同时，"拍摄人物照片非常之难。因为对于心理焦点不太准确的人，要用摄影来聚焦就不可能了。因为不管是谁，人都是表演的场所，复杂的（解）结构的场所。镜头反而无法捕捉人的性格。因为人负有太多的意义"③。人并非一个在诸多不同的意义背景中被合理给定的存在者，而关注人的面部表达的肖像照片更是如此，原因在于"人们无须解释面容，因为，一切解释都是从它出发开始"④。相片中溢满物质感的稀缺性人脸，让时间的老化能力，陷入了一种陌异化的情感性"停顿"。

　　在菲茨杰拉德的面部相片中，我们所看到的是在不愿出生的过程中却不断诞生的事物，一个以悬搁的方式不断临近的曝光之物。相片上的物质性人脸自在地形成了一种让主体陷入时间性眩晕的"自旋"运动。这种相片所特有的物质性，让人脸处在聚精会神与分崩离析之间，一种令读者天旋地转的陌异化情感记忆得以被启动。这张总在飘离意义之网的脸，唤起了菲茨杰拉德痛苦的童年期在有着水晶般清澈的蓝天里隐约看到的离海岸十千米以外的白帆，以及与早逝的挚友布朗乘坐马车穿过野外，看着云朵东去，感受时间碰触太阳穴时的大规模记忆。列维纳斯写道："面容在泄露中一

---

①　Roland Barthes, *Camera Lucida*：*Reflections on Photography*, trans. Richard Howard, New York：Hill and Wang, 1981, p. 11.

②　这是一种在消隐的过程中却逐渐增强的陌异化主体形态，列维纳斯对科学小说的哲学理解同样适用于相片，列维纳斯写道："在此意义上，这样一种观念，即认为人们在诸宇宙空间里把我找寻了出来，就并非科学小说之虚构，而是表达了我作为己所具有的那种被动性。"参见〔法〕伊曼纽尔·列维纳斯《另外于是，或在超过是其所是之处》，伍晓明译，北京大学出版社2019年版，第254、276页。

③　顾铮编译：《西方摄影文论选》（修订版），浙江摄影出版社2007年版，第129页。

④　〔法〕伊曼纽尔·列维纳斯：《总体与无限：论外在性》，朱刚译，北京大学出版社2016年版，第252页。

直保持着神秘与难以言传；这种泄露恰恰通过它的越界的过度而证明自己。"① 在菲茨杰拉德这一过度曝光的相片中，由相片物质性呈现的陌异化面容就是非结构，而它所唤起的则是拥有大量财富与农奴的母亲与征战欧洲大陆的威灵顿公爵形象彼此叠印在一起的大规模记忆，是从菲茨杰拉德 1809 年出生到 1883 年故去间欧洲大陆的所有血雨腥风。

正如《土星环》中菲茨杰拉德相片的物质性，揭示的是一张未定型的浮现中的面容，《移民者》中对菲尼姨妈、泰勒斯姨妈和卡西米尔舅舅的叙述，也插入了一张三人童年时期浮现中的肖像照片。根据菲尼姨妈的回忆，三个人在 20 世纪 20 年代末就从德国离开前往美国，成了名副其实的移民一代。然而，落地生根并没有在三个人的故事中发生。泰勒斯姨妈在死前如同一个当地的陌生人一般连续几个月地四处走动，死后只留下胡梅尔制作的儿童肖像。卡西米尔舅舅在见到"我"后也难以平静，走来走去，并带我到一眼望去一无所有的海边说道："我经常来这里，它让我感到我已经离开很远了，尽管我从来都不知道是从哪里离开的。"② 沉浸于往事的菲尼姨妈在"我"离开时从后视镜中向"我"挥动手绢，在车子喷出的雾气中逐渐变小。三个人在移居美国长达半个世纪的时间中，却依然处于"无依无靠"的心灵处境，这被三个人童年时期的相片进一步加剧和强化了。在相片中，我们看到曾是孩童的三人从一片以故乡风景为背景的画面中浮现出来。然而，如同这故乡的风景是人造的虚假背景一样，三个人此后的未来也再没找到为其赋予存在来源的真实的故乡背景。没有找到的原因，并不是真的要把自己融进各种关于故乡的叙事话语中，也不是在历史地理上标记出故

---

① ［法］伊曼纽尔·列维纳斯：《总体与无限：论外在性》，朱刚译，北京大学出版社 2016 年版，第 252 页。

② W. G. Sebald, *The Emigrants*, trans. Michael Hulse, London: Vintage Books, 2002, p. 89.

乡的物质存在。因为正如相片中三张神态各异的脸之间含混的物质歧义性所暗示的,主体之间作为混杂的谜团,或如布鲁姆评狄金森时所言的作为诸种"斜光"或"非自然的诡异自我"①,正是通过脱离背景的物质性面容自显的陌异化情感地貌而获得呈现的。

"人们期望照片可以赋予一种叙事性的象征主义,作为一个符码,更确切地说是作为一个寓言,毫不含糊地表达一种超越性的意义,并增加可以明白无误地建构一个(它被假定应该承载的)事实话语的标记方式。"② 但呈现在这里的带有古典油画意蕴的三张物质性面容却成为有别于虚假背景的真正风景。过了半个世纪的菲尼姨妈哀伤的面容、泰勒斯姨妈泪眼蒙眬的面容、卡西米尔舅舅忧郁的面容,彼此汇流为一张再也无法辨认的陌异之脸。相片的"第一次即最后一次"的物质悖论性,捕捉到的只是从背景来到前景中让线性时间失效的脸,印证了"人类的脸是有待讲述的故事,是有待探索的地理"③ 这一飘忽不定的陌异化物质真相。它所唤起的则是第一次世界大战与第二次世界大战期间经济危机爆发,纳粹党人势力迅速蔓延的一张承载着过量历史记忆的脸,这张陌异化情感之脸,如列维纳斯所言的无法再现的"情节",决定了"我们总不免堕入任何辅助学科的严格性都无法保障避免的虚空:要去命名主体,去将它归属于状态、情感、事件"④。

人像相片总周转在背景与前景的关系中,相片的这种失败也是它得以被留存的原因。因为人像摄影始终面对着一张难以捉摸的脸,人像相片的物质性就是难以安放无中生有的人脸的急迫性。奥

① 参见〔美〕哈罗德·布鲁姆《西方正典》,江宁康译,译林出版社 2005 年版,第 236 页。

② 顾铮编译:《西方摄影文论选》(修订版),浙江摄影出版社 2007 年版,第 75 页。

③ 〔意〕吉奥乔·阿甘本:《渎神》,王立秋译,北京大学出版社 2017 年版,第 37—38 页。

④ 〔法〕雅克·朗西埃:《历史之名:论知识的诗学》,魏德骥、杨淳娴译,华东师范大学出版社 2016 年版,第 3 页。

斯特利茨对叙述者讲道："我在斯托尔·格兰奇拍摄了数百张相片，大多是方形格式，但是将照相机的取景器对准人们让我总觉得不对劲。"[①] 人不是只有一张脸，人即脸。相片的陌异化物质性，让介于稳固与解体之间的飘忽不定的人脸，建构出一种激进化的记忆伦理。如同列维纳斯所言，"他人的面容在任何时候都摧毁和溢出它留给我的可塑的形象，摧毁和溢出与我相称的、与其 ideatum（所观念化者）相称的观念——相即的观念。它并不是通过那些性质显示自身，而是（据其自身）显示自身。它自行表达"[②]。脸即坐落在人身上的总在从背景来到前景中的他者。也因此，奥斯特利茨后来看到一张自己童年时的人像照片却并不敢触摸它的忧惧感，正源于这张在物质性氛围中从背景来到前景的陌异之脸传递着飘忽不定的情感之力，"他里面的一切都在看我，没有什么与我漠不相关"[③]，一张自我言说的宇宙"显影"。这是一张在离开布拉格六个月前，也就是 1939 年 2 月拍摄的相片。相片中的奥斯特利茨穿着一身雪白色的服装陪同母亲前去参加化装舞会。从叙述中我们得知，奥斯特利茨实际上扮演了一个护送玫瑰皇后即母亲的少年侍卫的角色，但需要守护的母亲却没有出现在相片中。就像六个月后被母亲护送上从布拉格前往英国的逃亡专列一样，被遗留在历史灾异中的却是奥斯特利茨的父母。这张从背景中突兀出来的歧义性面容，打开了一种无限的情感空间。在守卫与质询间摇摆不定的这一"情节"，证实着一种巨大的辜负感。"我经常感到这个听差男孩那刺人的探寻眼神，他要来索取他的应得之物，他在黎明的灰光中站在一片空旷的田野上等待着我接受挑战，去除

---

① W. G. Sebald, *Austerlitz*, trans. Anthea Bell, London: Penguin Books, 2011, pp. 108 – 109.

② ［法］伊曼纽尔·列维纳斯：《总体与无限：论外在性》，朱刚译，北京大学出版社 2016 年版，第 23 页。

③ ［法］伊曼纽尔·列维纳斯：《另外于是，或在超过其所是之处》，伍晓明译，北京大学出版社 2019 年版，第 225 页。

即将迎接他的不幸。"① 相片变幻莫测的物质性强制重复人脸的稀缺性之事实，契合了阿甘本的思考，他写道："就像在那些照片——一个陌生人的遥远却又过度切近的脸从照片往外注视着我们——中那样，这污名的某种东西急切地要求着（esige）它的专名，在一切表达和一切记忆之外证明着自己。"②

《眩晕》中的叙述者在靠近故乡 W 时站在一个石桥上久久地观望，"聆听着河流安稳的潺潺声，观察着现在包裹一切的黑暗"③。在与卡夫卡的《城堡》十分近似的开头之后，叙述者回想起第一次世界大战后曾在石桥边扎营的吉卜赛人。在 1936 年，每次经过这里去往确保公共健康的游泳池时，母亲都会不自觉地将叙述者抱起来。至于吉卜赛人为何大规模地迁徙，直到叙述者翻阅战争圣诞节时父亲买给母亲的相册集时才恍然大悟。文本此处插入了一张于波兰集中营拍摄的一位抱着婴儿的吉卜赛女人，那是一张在斯洛伐克某处偏远的角落拍摄的相片。在这里，叙述者接着叙述道，"我"的父亲和他所在的机动维修部队，早已在战争爆发前的数周前就驻扎了下来。可能是因为怀里的婴儿使然，相片截取的只是吉普赛女人平和的微笑。作为背景的集中营，并不是微笑的意义来源，换言之，这是一张有其陌异性的面容。相片无法为自身赋予意义，只能借助布迪厄认为的诸种社会感知场域进行赋意，"即使是象征性的照片，如果没有什么功能能够直接被指派到它身上，也会被拒绝，正如非形象的绘画因为无法显示出一个可以辨认的客体，即不能暗示与人们熟悉的形状的类同性，而被拒绝一样"④。但这也同时说明了相片第一次即最后一次的即时性悖论特征。这种不容涂改的物质

---

① W. G. Sebald, *Austerlitz*, trans. Anthea Bell, London：Penguin Books, 2011, p. 260.
② ［意］吉奥乔·阿甘本：《渎神》，王立秋译，北京大学出版社 2017 年版，第 108 页。
③ W. G. Sebald, *Vertigo*, trans. Michael Hulse, London：Vintage Books, 2002, p. 183.
④ 顾铮编译：《西方摄影文论选》（修订版），浙江摄影出版社 2007 年版，第 75 页。

性的档案化感知形式，如阿甘本所言，"在某种程度上捕捉到了审判日"①。相片转瞬即逝的物质性，抓住的是历史断裂的瞬间，而这一瞬间最为醒目的来源，就是相片中从背景来到前景的有其情感地貌的人脸。吉卜赛妇女神秘的微笑下，是一个正在长出一张脸或正在形成一种"情节"的婴儿，"它们要求不被遗忘"②。

塞巴尔德总在偏离的叙述风格，是对总在趋同的现代工具理性的一种抵抗策略，而通过相片的"第一次即最后一次"的悖论物质性揭示人脸即"情节"的陌异化过程，这一抵抗策略获得了更为深广的振幅。现代性最为显著的特征在于它对一切事物之复杂性的消解能力，而这一切事物的尽头，就是一张无法简化的陌异性人脸。福柯洞察道："所有这些内容（他的知识把它们作为外在于他本人而揭示给他，它们的诞生要比他早并预料他）把它们所有的协同性都悬在他上面，并跨越了他，似乎他只是自然的一个客体，一张在历史上必定被抹去的面孔。"③ 塞巴尔德四部曲中穿插的物质性人像相片，是为了在其陌异化的情感机制所形成的差异性张力中，让被历史灾异抹去的面孔重复自身。相片的物质性所呈现的悖论的即时性，不断确认着作为情感之源的脸，是意义链上脱嵌的部分这一真理。故而，相片中强制化的"重复性"人脸，就在悬搁着所有即将对历史灾异所作的定论，让读者在避开既定历史叙述的同时，被"误入歧途"地带进有着积极模糊度的历史真相之中。④

本雅明分析："从阿特盖起，照片开始成为历史进程的证明材

---

① ［意］吉奥乔·阿甘本：《渎神》，王立秋译，北京大学出版社 2017 年版，第 31 页。

② ［意］吉奥乔·阿甘本：《渎神》，王立秋译，北京大学出版社 2017 年版，第 36 页。

③ ［法］米歇尔·福柯：《词与物：人文科学考古学》，莫伟民译，上海三联书店 2002 年版，第 408 页。

④ 可以说，这也是一种相片物质性作用下的事后性所引发的积极模糊度，参见 Gerhard Richter, "Afterness and the Image（I）：Unsettling Photography", in *Afterness：Figures of Following in Modern Thought and Aesthetics*, New York：Columbia University Press, 2011。

料。这就使它具有了隐含的政治意义。它要求某种特定的接受，对此，神游八极的冥思已行不通；照片使观看者不安，使他感到：要看懂它们，就得找到一条特定的路。"① 正如本书所要探究的方向，相片令观者"误入歧途"的原因，实际在于相片能够借助其物质性所生成的陌异化情感地形，对趋向惰性的历史意识进行重置的记忆功能。塞巴尔德在谈及相片时说道："我认为没有照片就无法抓住在那里的某些事物……并不必须要被放入书本，而是为了一种起作用的过程。如果你足够长时间地盯着它们看，特定的事物会从这些图像中浮现出来。"② 相片不是道德说教，也不是审美快感，更不是知识确证，但是相片却在一种转瞬即逝有其模糊度的物质性中，蕴蓄着一种不断弱化主体的趋近极性的陌异化情感，是一种通过意义的回撤而裸露历史真相的撒播时刻。③ 与此同时，我们也看到，在塞巴尔德的四部曲中，作为一种视觉性叙事的相片物质性通过不断"生产"着一种陌异化的情感灵晕，而让作品"起作用"，也即让作品处在一种布朗肖所言的"神圣压力"之下，"以它无以言表的神圣情感，微微的情感，挑动着我的动脉"④。塞巴尔德的这一从叙事动脉转向视觉动脉的艺术变革，实际都与 20 世纪初期艾略特在其文学传统中发现的取消个性和取消情感的诗学洞察形成呼应。艾略特对于整个诗学传统的提炼，并不是真的取消情感，而是揭示了情感是一种不同诗学元素的化合结果，也即我们前三章分析的，由物质性模糊度而生成的不同于常规情感形式的转瞬即逝的极性化情

---

① ［德］瓦尔特·本雅明：《经验与贫乏》，王炳钧、杨劲译，百花文艺出版社 1999 年版，第 271 页。

② Qtd A Symposium on W. G. Sebald, *The Threepenny Review*, 2002：89，p. 20.

③ Jean-Luc Nancy, *The Gravity of Thought*, trans. François Raffoul and Gregory Recco, New Jersey：Humanities Press, 1997, p. 71.

④ 参见［法］莫里斯·布朗肖《未来之书》，赵苓岑译，南京大学出版社 2015 年版，第 183 页。

感结构。这一分析反过来也说明了诗学情感无法被归属到任何一种类别的情感样态中，它呈现出了一种弗洛伊德所言的多重决定的陌异化地形学形态，也因此在 20 世纪后期被布鲁姆以"影响的焦虑"为题接续并转化为对整个文学史的考察。塞巴尔德作品中相片的视觉物质性叙事，以一种跨媒介的艺术方式参与到这一情感诗学传统中，不仅扩展了情感诗学的地貌，也同时让"真理总在惶惑不安的背后闪闪发光"① 的情感—记忆，获得了一种潜势化的构型。

---

① ［俄］费奥多尔·陀思妥耶夫斯基：《地下室手记：陀思妥耶夫斯基中篇小说选》，藏仲伦、曾思艺等译，上海三联书店 2015 年版，第 498 页。

第 六 章

从缺失的外部到共—显的姿态:欧美城市
文学情感问题研究的另一种路径

　　进入现代性以来,哲学的"思乡"之情愈益凸显,这种家园意识的潜流,也从现代到后现代欧美作家资本主义的城市背景中被连绵不绝地重新唤起。从自然生态学的牧歌想象到人类社会学的有机渴望,从记忆伦理学的迫切寻根再到地理政治学的正义诉求,对城市的这种无情感化的批评,已经成为现代思想传统脉络的基本共识。城市"无情",以致在欧文·豪试图理清这一判断所依赖的情感基础时也陷入了一种不精确。① 因此,在诸多情感样态流变不居、城市经验也纷繁易逝的事实前,我们又如何才能在两者间建立一种适切的观察距离,从而将问题从失焦带向清晰?

　　从现代到后现代欧美作家相关城市的文学作品来看,正是身处城市的人类的身体姿态,成为将城市经验与情感样态衔接起来的"索引"。因此,要做的就不是在历时性的层面分析城市属性的变迁,也不是浮光掠影地罗列并意图穷尽所有的欧美城市小说。相反,从欧美现代主义到后现代主义的文学时段内,在彼此呼应的代

---

① Nina Howe ed.，*A Voice Still Heard：Selected Essays of Irving Howe*，New Haven and London：Yale University Press，2014，pp. 161 – 177.

表性城市文学作品中，能否通过姿态现象从共时性的层面见微知著地将其中潜伏的逻辑关联牵拉出来，将能为我们考察城市文学提供一种清晰可辨的批评视野。表面上看，虽然这一思路会忽略城市文学与不同历史地理文化背景间互为对应甚至环环相扣的语境意识，正如理查德·利罕的分析。① 但它实际上想要抓取的却是在资本主义城市经验固有的离解性与人的情感经验固有的外部性之间所存在的姿态矩阵区。

关于资本城市如何"离解"（disintegrate）其中的个体及其生活世界，我们在结合城市文学进行分析的过程中，会提炼出从本雅明到列斐伏尔再到哈维分析此问题时的谱系。在具体的分析中，我们会看到，这也是城市如何走向"无人区"的过程。关于源于"外部"（outside）的情感如何能够重新复原流失于城市的人之痕迹，我们既以福柯的讨论为原点同时又不局限于福柯。② 简言之，城市文学一方面还原了资本城市作用于人的灾难性离解过程；另一方面也呈现了不断来临中的难以被离解的外部情感。表征这一离解与外部之间关联的则是置身城市的人的姿态。由此，本书最终的论证思路则是：与外部失联的无情感城市，如何作用于人的姿态，而人的姿态又如何昭示源于外部的情感的复归，而在情感的复归中，城市又被复原了什么？

---

① Richard Lehan, Urban Signs and Urban Literature: Literary Form and Historical Process, *New Literary History*, No. 1, 1986, pp. 99–113.

② "外部"这一哲学概念存在着诸多变体，萨德的欲望、荷尔德林的诸神、尼采的力、巴塔耶的僭越、布朗肖的吸引力等，都是福柯思考这一外部时所罗列的哲学星座。当福柯陈述认为文学是一个通向外部的问题时，也隐秘地开启了外部即是与他物共在的"可能性"这一维度，而这一点实际也是后来南希思考的主体即为外展中的共—通—体的思想来源。以欧美城市文学为思考对象，本章前两节会分别讨论外部的缺失及其所表现出的症候，第三节则讨论外部如何复归的问题。参见［法］米歇尔·福柯著，汪民安编《声名狼藉者的生活》，北京大学出版社2015年版，第149、159页。

第一节　丧失：从经验的连续性到
情感的连续性

在对英国当代小说的空间研究中，大卫·詹姆斯借助列斐伏尔的理论说道："小说家之所以能够准确地将我们与他们所描述的领域在情感上关联起来是因为文学的场景设置不仅只是传达'仅有的物质空间，而更重要的是一种人们在接触其地域的过程中形成的感知'。"[①]作家不仅传达一种具身现象学（embodiment phenomenology）上人对城市的体验过程，也传达一种心理地理学（psychogeography）上城市作用于人的精神影响。对资本主义城市经验（the urban experience）[②]感受到的无常和不安，在巴尔扎克和海涅时就已出现，在爱伦·坡和波德莱尔那里则构成了其作品的内核，经过狄更斯，又成为卡夫卡、果戈理、陀思妥耶夫斯基、贝克特与乔伊斯作品背后隐蔽的经验背景；直至当代，以一种幽灵性的萦绕渗透在塞巴尔德、麦克尤恩、马丁·艾米斯、贝娄、品钦、罗斯等人涉及纳粹大屠杀的作品中。

作家在城市感受到的四分五裂，可以溯源到本雅明讨论波德莱尔与卡夫卡的城市体验时所折射出的"经验"问题。游荡在城市的波德莱尔，敏锐地察觉到人群所展示出的"梦幻般的一致性"，因为资本主义时代的"发达"，就在于那种在传送带上决定生产节奏的东西，已经衍化为城市人群的感知结构，一种已被作为感知形式

[①]　David James, *Contemporary British Fiction and the Artistry of Space: Style, Landscape, Perception*, London: Continnum, 2008, p. 1.

[②]　正如哈维所言，"经验"一词有着诸多伪装（guises），但它却也为"不眠的分析者"（the restless analyst）提供了探寻城市真相的切口，换言之，城市经验为诱发性而非僵化性的境遇，参见 David Harvey, *Consciousness and The Urban Experience*, Oxford: Basil Blackwell Ltd., 1985, p. 15。

的"震惊"经验被确立了起来①；生活在"发达"资本主义时代的城市，不仅意味着与自身分离，还意味着遭受分离带来的反冲，一种周而复始的不稳定闯入了人的存在中枢。在卡夫卡那里，这种大城市的体验又被置换为层层叠叠难以穷尽的办公建筑意象，行走其中的助手们仿佛"关节通了电"②。简言之，资本主义城市是一个传统经验分崩离析的场域③，而以城市作为构成人物存在所不可或缺的回音区的城市小说的出现，更加凸显了卢卡奇到本雅明在分析小说时所说到的在生活和意义彼此分离时产生的飘忽不定的预感意识。

个体在城市丧失的是何种意义上的经验，需要借鉴与小说的知觉方式不同的故事来说明。本雅明认为，缓缓讲述的故事之所以能保藏以待漫长时间后再次苏醒，是因为故事的探针并非如小说那样毕其功于一役于个人的心理内容。④ 相反，故事关注人与人及人与世界间相互作用与引发但不会流于耗尽的神秘节奏⑤；故而，本真性的经验，不是可立即返现的客观对象，而是一种在不使个体分心的有节奏的"外部"氛围中，源源不断地维系整体的伦理感觉。福

---

① ［德］瓦尔特·本雅明：《发达资本主义时代的抒情诗人》，张旭东、魏文生译，生活·读书·新知三联书店 2014 年版，第 163 页。

② Franz Kafka, *The Castle*, trans. Anthea Bell, New York：Oxford University Press, 2009, p. 25.

③ 有别于资本技术塑造的转瞬即逝的城市经验，马尔库塞谈道，前技术世界是"人和自然尚未被作为什物和工具而组织起来的世界"，"在这个世界中，山谷和森林、村庄和客栈、贵族和村夫、沙龙和庭院都是经验世界的一部分。前技术文化的诗歌和散文所表现的节奏，是那些信步漫游或驾车梭巡的人的节奏，是那些有时间和雅兴去苦思、冥想、体验和讲述的人的节奏"。传统上持久坚固的人生经验，就诞生在这样的节奏里，而非新兴资本主义城市迫使个体分心的"发达"中。参见 ［美］赫伯特·马尔库塞《单向度的人：发达工业社会意识形态研究》，刘继译，上海译文出版社 2007 年版，第 55 页。

④ 卢卡奇写道："小说内部形式被理解的那种过程是成问题的个人走向自身的历程，是从模糊地受单纯现存的、自身异质的、对个人无意义的现实之束缚到有明晰自我认识的历程。"参见 ［匈］卢卡奇《小说理论》，燕宏远、李怀涛译，商务印书馆 2013 年版，第 71 页。

⑤ 对此，约翰·伯格受本雅明的启发写道："故事证明了可能性那总令人略吃一惊的广度。"［英］约翰·伯格：《讲故事的人》，翁海贞译，广西师范大学出版社 2009 年版，第 32 页。

柯用转瞬即逝但连绵不绝的"间隔"来表述吸引主体注意力的这一伸展中的外部思想。① 由外部所维系并滋养的这一经验,使人意识到自身就是一个与他物共存的经验共通体。

"经验是不可分的,它至少在一个甚至可能数个人生里延续……经验先我而行"②,然而,在城市文学中,丧失的经验"在个体之外实施"自身③。那从人的生命分裂和异化出去的事物,是通过震惊带来的创伤化事后性经验而宣告自身的。相对于从自然孕生并花费其漫长时间所精心培育的身体而言,工业革命后城市的发展对于人类而言,确如战场上的士兵被身边的炮火震慑的时段。在弗洛伊德的分析中,创伤即心理能量分配方式的失衡,也是强迫重复修复时总无功而返的事后性,分配方式与重复修复是一枚硬币的两面,二者都暗示了一种对一去不返的经验的哀悼。因此,贝克特的人物总遗留着某种灾难过后难以化解的失常感,而乔伊斯、伍尔夫的城市看起来就是努力地在复现某个城市的记忆行为,尽管时刻伴随有一种记忆短路现象。现代城市文学中的这一现象,说明了作家都意识到城市人物从背景里被剥离出来而再也无法落脚的存在处境。也

---

① 当福柯在讨论布朗肖的"外部"时写道,它是一种"确定的吸引力本身的无目的的运动",一种"等待的纯粹性"时,其中将外部作为一种卓越的"可能性"或不可征用的"空闲"提取出来的思想动力也越发显现出来。实际上,从尼采的"一切有生命的东西都需要在自己的周围有一个氛围,一个充满奥秘的气圈",到德勒兹思考的生命实际就是一种"微分的无意识","一个只能作为模糊之物的清楚之物(它越是模糊就越是清楚)",可以看到,生命是一种分有"外部"的飘忽不定的离散状态,或者生命是一种形散神聚的本源性真相,是推动晚近哲学发展的一条极为重要的引线。概而言之,外部揭示了生命是一种取之不尽、用之不竭的参量化存在,是南希思考的坚不可摧的"有"。参见〔德〕尼采《不合时宜的沉思》,李秋零译,华东师范大学出版社 2007 年版,第 199 页;〔法〕吉尔·德勒兹《差异与重复》,安靖、张子岳译,华东师范大学出版社 2019 年版,第 360—362 页;〔法〕米歇尔·福柯著,汪民安编《声名狼藉者的生活》,北京大学出版社 2015 年版,第 151—152、161 页;Jean-Luc Nancy, *The Birth to Presence*, trans. Brian Holmes and others, Stanford:Stanford University Press, 1993, p. 4。

② 〔英〕约翰·伯格:《讲故事的人》,翁海贞译,广西师范大学出版社 2009 年版,第 31 页。

③ Giorgio Agamben, *Infancy and History:The Destruction and Experience*, trans. Liz Heron, New York:Verso, 1993, p. 14.

是在这里，品钦 1966 年描述的遗嘱执行人俄迪帕，在看到纳索斯这个城市时，才会有"一种刚刚溢出她理解限度的轻颤的启示录感觉"①。因而回到本雅明，城市的这种创伤性经验早已大到了所有坚实的经验储备难以吸收和化解的程度。

在德布林 1929 年的作品中，刚从监狱出来又被迅即交送给城市的毕伯卡普夫，为何反常地把关禁他的监狱的红墙视作不可分离之物？② 而到了罗斯 1997 年的作品，为了追寻女儿玛丽成为炸弹者，以及家庭破碎的原因，作家为何又安排其坚如磐石的父亲利沃弗回忆起纽瓦克的城市发展史乃至它所代表的整个坚不可摧的美利坚？列斐伏尔在分析城市"地带化"的两重构时认为，空间以分割的方式整合自身与以整合的方式分割自身实际一体两面；处身在城市的人群，在这种"离解性地整合"（disintegrating integration）③ 进程中，时刻面临被抽空的危险。值得注意的是，空间的离解性整合，也依然是自波德莱尔以来资本主义传送带生产节奏的一种变相铺展，且早已与政治权力、商业效益捆绑在一起，并以一种均质化的方式，成为让个体、家庭以及共同体自行分解的都市的三位一体。④ 因此，在城市"生活的个人化方面与超出单个个体的方面之间起促进作用的社会结构"⑤，实际就是以分裂的方式进行弥合的恶性循环。而就齐美尔的思路来看，个性面对超出它的这种城市力量

---

① Thomas Pynchon, *The Crying of Lot 49*, New York: The Penguin Press, 2012, p. 13.

② Alfred Döblin, *Berlin Alexanderplatz*, trans. Michael Hofmann, London: Penguin Classics, 2018, p. 3.

③ Henri Lefebvre, *Writings on Cities*, trans. Eleonore Kofman and Elizabeth Lebas, Oxford: Blackwell Publishers, 1996, pp. 144 – 145.

④ 其中就涉及福柯分析的"问题在于组织流通，消除其中的危险因素，区分好的流通与坏的流通，消除坏的流通，并使好的流通最大化"的生命政治的城市化过程，其中生命"现象性"的任何溢出，都是阻碍这一流通的危险因素，须及时对其进行治理。参见 ［法］米歇尔·福柯《安全、领土与人口》，钱翰、陈晓径译，上海人民出版社 2010 年版，第 14 页。

⑤ Donald N. Levine ed., *On Individuality and Social Forms*, Chicago: The University of Chicago Press, 1971, p. 325.

所做的适应，并非自我意识的反抗，也不是弗洛伊德所言的防御刺激的过程。相反，它从疲于应付到精疲力竭，再从绝望崩溃到情感涣散，是一种长时间条件反射下的自我规训与无个性化进程。它所导致的后果就是列斐伏尔认为的感官的整体性退化①，甚至在弗洛伊德的分析中，它也显示出一种强迫自身回到无机物的驱力意向②。这样，随着感官机能的钝化，端赖于与他物共存的感觉活力，这种源自"外部"的情感意识，也就自然熄灭了，而由情感触发的伦理知觉，也进而处在崩解的进程中。

卡夫卡 1926 年的《城堡》中那个总让 K 感到挫败的环境，总使 K 面对既定的失败，那些难以觉察却麻醉 K 的影响③，在此可以看作以寓言化的方式对城市的这种有别于故事气氛的异己气氛所作的伟大预言。也由此，麦克尤恩在 1992 年的《黑犬》里甚至借助叙述者杰瑞米的观察，让丧失了经验连续性的城市卢布林与"事件"纳粹大屠杀间的一种徘徊不定的关系形式凸显了出来，一种物质与反物质的转化关系。④ 经验的瓦解实际就是情感的瓦解，这就是为什么品钦会将俄迪帕置放进一个寸步难行的蜡像馆般的城市里的原因。人们有的只是弗洛伊德所言的总是回到同一个地方的诡异情绪，而丧失了与周遭环境、人事物态自然形成的一种相互依存却又不会耗尽的共存性情感。因此，接下来有待进一步追问的是，情感为何能够担保经验的连续性？

---

① Henri Lefebvre, *Writings on Cities*, trans. Eleonore Kofman and Elizabeth Lebas, Oxford: Blackwell Publishers, 1996, p. 143.

② 值得注意的是，齐美尔的城市社会学及其批判性分析，都与他思考的充满活力的生命现象性密切相关。或换言之，齐美尔对城市化社会的批判禀赋，就来源于他对生命现象性的充分认识，这种认识勾勒着齐美尔的城市社会学的批判框架。参见［德］格奥尔格·西美尔《生命直观：形而上学四论》，刁承俊译，北京师范大学出版社 2017 年版。

③ Franz Kafka, *The Castle*, trans. Anthea Bell, New York: Oxford University Press, 2009, p. 25.

④ Ian McEwan, *Black Dogs*, Canada: Vintage Canada, 1993, p. 71.

在本雅明的启示下，我们看到，主体之所以能够接纳故事中的与他物共存的道德教训并将其融进自己的生活进程，一个至关重要的原因就在于，缓缓道来的故事让主体觉知到他是与他物共通的心灵存在，而经验正是心灵在这一从容不迫的醒觉状态中分泌出的指引。更为关键的是，这一能够经得起时间检验的扩散性经验，只有在无意识地调谐主体之注意力节奏的故事力场中产生。① 借鉴本雅明与卡尔维诺的思考，我们可以说，好的故事节奏，施动并导引着主体的心灵速度，展露着主体不为人知的非知领域，揭示着主体实际是一种在分享外部事物的过程中诞生的多元性存在。这种引人入胜的节奏，全然有别于以离解的方式迫使主体分心并使之走向锁闭的传送带上的城市节奏。故事的这种连续不断的推力，最终促成的，实际就是本雅明思考故事时认为的不需要理性解释的共通感。故事给出的是主体从未被孤立的共存性经验，而经验从本质上说就是生命的一种灵活多变的链接能力。②

因而经验的连续性也就指的是一种与他物共在的连续性。这种并非表象关系的连续性，标画出了主体在存在中的秩序，即主体自为地呈现为一种与他物共存的半透明运动。它之所以不透明是因为它是先于知识活动的情感性存在，"植物学家的植物不是田畔花丛，地理学确定下来的河流'发源处'不是'幽谷源头'"③。它之所以

---

① 卡尔维诺曾在分析故事的力场或磁极时写道："驱策欲望朝着一种不存在的东西……前进的动力，更多是由故事的节奏而不是由叙述的事件来表达的。"［意］伊塔洛·卡尔维诺：《新千年文学备忘录》，黄灿然译，译林出版社 2009 年版，第 33 页。

② 约翰·伯格指出，经验在"似与不似、小与大、近与远之间比较。于是，接近一个特定经验时刻的行为同时包括探究（近者）和连接（远者）的能力"。［英］约翰·伯格：《讲故事的人》，翁海贞译，广西师范大学出版社 2009 年版，第 31 页。

③ ［德］海德格尔：《存在与时间》，陈嘉映、王庆节译，商务印书馆 2016 年版，第 105 页。对此还可以参考列斐伏尔思考的自然在城市中的"虚构存在"（fictive presence），也即城市被去自然化的经验写照。Henri Lefebvre, *The Urban Revolution*, trans. Robert Bononno, Minneapolis：University of Minnesota Press, 2003, p. 27. 同时参见［英］安东尼·吉登斯《现代性与自我认同：现代晚期的自我与社会》，赵旭东、方文译，生活·读书·新知三联书店 1998 年版，第 169 页。

又透明在于，经验在认识论上的确定性是由情感知觉进行担保的，情感让客观性有血有肉了起来，让经验"共通"了起来。① 从这个意义上讲，经验之所以能承传，还在于经验是浸透在情感中的经验。作为主体的存在样式，情感是一种试图与外部建立联系的身心一体的活动，是将自身链接在一个超出自身之外的更大的存在链条中的无意识运动。没有与外部共在的情感的这种先行存在，我们只能静态性地知道事物，而无法动态性地领会事物。与他物共存的这种经验的连续性，在本源上是情感的连续性，情感的连续性担保着与他者共存的伦理的连续性，而伦理的这一连续性，则担保着不会被城市离解以致无地可依的人。

然而，从爱伦·坡到梅尔维尔再到卡夫卡等的早期城市文学中就已显出的征象来看，城市"无人区"已经越来越成为一种普遍现象。城市在不断离解通向外部的情感注意力，这一事实尤其随着速度的提举而日益加剧。维利里奥与罗萨都注意到加速城市给个体带来的"注意力裂解"的问题。② 也就是说，城市离解个体的速度越快，个体趋向熟视无睹的"非参与"性分裂人格则愈加严重。这一丧失外部注意力的情感异化及其所带来的生命力枯竭的现象，所导致的就是舍勒认为的不由自主且漫无目的的"怨恨"③。在分心中愈益加剧的这种无力感，正是由与他物共在的注意力断裂也即罗萨思考的"去同时性"（desynchronisation）出现的结果。缺失了外部的情感在变的反复无常，而由情感所维系的来自外部的他者则无地

---

① 或者我们也可以说，情感让经验所具有的外部性"发"了起来。
② 维利里奥的思考自始至终贯穿着加速如何导致"没有注视的视觉"这一考察。参见[法]保罗·维利里奥《战争与电影：知觉的后勤学》，孟晖译，南京大学出版社2011年版，第97页。罗萨分析的城市加速让主体处在时间匆匆流过但又力不从心的焦虑状态，加剧了注意力瓦解的过程。参见[德]哈尔特穆特·罗萨《加速：现代社会中时间结构的改变》，董璐译，北京大学出版社2015年版，第155—173页。
③ [德]马克思·舍勒：《道德意识中的怨恨与羞感》，林克等译，北京师范大学出版社2014年版，第27页。

可容。与外部的失联，或者生命被去同时性后的孤立状态，在欧美城市文学中往往就与一种身体性的病理学关联了起来。

第二节　征兆：从病理化到无法预料的姿态现象

城市文学中经验的丧失源自通向外部的情感的丧失，但作家又该如何在变幻莫测的城市中呈现这一症候，情感之血肉应该落靠在怎样的骨架上才能显其轮廓？城市文学发端之际即是这一问题揭露之时。爱伦·坡笔下的人群中躁动不安的老人，波德莱尔诗作中被惊吓的小老太婆，卡夫卡的作品中身体形态总显异常的助手，城市文学面对情感丧失这一无法挽回的事实，往往借助的是城市人物身体姿态的变形；某种扭变正在城市中发生，而经受这种扭变的是人的肉身。本雅明认为："情感的丧失，以及作为身体中这些情感源头的生命之潮的退却，将会拉大自我与周遭世界间的距离以至出现身体的异化……在这种病理学状态概念中，最为简单的客体因为和我们缺少了任何自然的、创造的联系，看起来成为了一些谜一样智慧的象征。"[1] 这种自然联系即本雅明借瓦莱里所言的心、眼、手的相谐姿态。然而，在城市生活，心、眼、手不仅以分离的方式四分五裂，还会以整合的方式相互同化，二者都是对情感连续性的误认与抑制，其症候性如本雅明所言就是城市文学中身体姿态的病理化现象。

这种在城市中身体不再属于"我"自己，而"我"自己又不知该如何行动的感觉经验，这种挤压着个体的两难，在欧·亨利1908 年的《城市的声音》"使圆成方"中有着准确无误的再现。

---

① Walter Benjamin, *The Origin of German Tragic Drama*, trans. John Osborne, London：Verso, 1998，p. 140.

欧·亨利讲述了一个住在坎伯兰山岭的山姆，为了复仇来到城市，但在经城市对其一系列的左冲右突中与其敌手握手言和的故事。城市迫使山姆缴械投降的过程，在欧·亨利看来实际是城市的数理空间化进程对生命空间的整饬。空间的数理化对人的扭变有三个维度，一是将人整齐有序封闭快速地安放进以几何直线为特征的交通与建筑的物质现实中①，让个体任由一种外在于自身的巨大之物所统摄；二是难以计数又令人猝不及防的直角性转折和密集的依靠暂停与启动运行的诸多城市机关带有一种听口令、齐步走的节奏，借用福柯的思考，这种已经内化进身体姿态中的直角感知方式，借助不断地别出心裁要求人群遗忘自身并回落到现实中②，没有了真实意义上的"经过"③。简言之，连续不断的直线化意味着齐平化，意味着让生命"发生"的外部性弧度的消失。三是当前两者达到压力阀的顶点，当可有可无感衍变为患得患失④，在动荡不安且彼此失去联系的人群中，守住自身的自我，就会逆向发展出一种潜在的无差别反人类倾向；这也是为什么艾米斯会在 1991 年的《时间箭》中以一个混迹于城市人群的纳粹党卫军形象来呈现其逃亡心理的隐含之意。当个体无法安分守己地居于前两者，也不能恣睢无忌地施展后者时，那隐而未发的未与外部接通的残留，就会以病理化的姿态显露出自身。

---

① 这就是福柯所言的"空的封闭空间"和"规训属于建筑（广义上的）的范畴"所具有的政治学含义。参见［法］米歇尔·福柯《安全、领土与人口》，钱翰、陈晓径译，上海人民出版社 2010 年版，第 13 页。

② Michel Foucault, *History of Madness*, trans. Jonathan Murphy and Jean Khalfa, London: Routledge, 2006, p. 320.

③ Michel de Certeau, *The Practice of Everyday Life*, trans. Steven Rendall, Berkeley: University of California Press, 1988, p. 97.

④ 哈维使用"意识的城市化"（the urbanization of consciousness）来分析与描述这种使人"束手无策"和"坐以待毙"的城市经验。参见 David Harvey, *Consciousness and The Urban Experience*, Oxford: Basil Blackwell, 1985, p. 276; Henri Lefebvre, *Writings on Cities*, trans. Eleonore Kofman and Elizabeth Lebas, Oxford: Blackwell Publishers, 1996, p. 145。

　　从这个意义上讲，梅尔维尔 1853 年的《抄写员巴特尔比》就是一部情感上"未完成的"城市姿态启示录。虽能每日都毫无偏差地从紊乱的华尔街按时走进工作的办公室，雇员"火鸡"和"镊子"却又间歇性地在每天工作的不同时段出现姿态失调的怪异现象。从华尔街走向办公室的雇员，虽遭受了城市施加于其的一系列扭变，但又接着遭遇了办公室也只是城市的内部化这一现实：夜晚的华尔街空无一人，并不说明白日的办公室生命涌动。无声的办公中无法抑制的自我生长在萌发，嘈杂的街道人群中不可遏制的空无一物在扩大，二者相持不下，使得城市文学中的"反刍"性姿态有增无减。巴特尔比就停留于这一区间，一同停留于此的还有那个试图保持城市原状的诉讼代理人。城市这个无所不在的力场，贯穿了所有的内外之界限。看似充满活力的城市，维系自身的东西，恰是使姿态丧失的东西。这一考察再次确认了本雅明的洞见——姿态之所以病理化是因为有一种无法被城市力场的网格所捕获的飘忽不定的残留物，这一应得到"恰逢其时"地安放的外部情感，是巴特尔比感到的"可能之物的寂静之力"①，也是他决定停止被城市"抄写"的缘由。

　　姿态的病理化现象甚至已经延伸到动物园这一既隶属于城市地理又不隶属于城市文明的场所，而其中动物们的姿态又令人吃惊地有着人的神态。塞巴尔德 2001 年《奥斯特利茨》中那只在火车站附近被城市颠倒了日夜，反复洗着同一颗苹果的浣熊的半人状态，真实地确证了居伊·德波在分析城市时所说的"一种自发性的显现中的分离力量"②，如何最终衍变为惰性景观的实质。对于仿佛身处

①　Giorgio Agamben, *Potentialities：Collected Essays in Philosophy*, trans. Daniel Heller-Roazen, Stanford：Stanford University Press, 1999, p. 200.

②　Guy Debord, *The Society of Spectacle*, trans. Ken Knabb, Berkeley：Bureau of Public Secrets, 2014, p. 9.

城市水族馆的奥斯特利茨而言，火车站作为微观的城市力场，即一个通过驶向别处去形成自我的始发地意象，也是一个不知会驶向何处却又预感会通向危机的终点站意象；叙述者甚至感到在候车大厅里的旅客与夜间动物园里的动物姿态相差无几，他们与它们仿佛都是某一场浩劫之后的幸存者，也同时因为共同经历过浩劫，人与动物走向了趋同，都呈现出一种因不知名的创伤而遗留下的姿态性症状。在这些不知作何反应的延迟性姿态中，失落的是自然行为的自发性。也是根据这一考察，我们才能理解本雅明为何分析波德莱尔时说道：人群的行为模式实际是对"惊颤"的反应，因为"惊颤"是被分离的外部之物总会返回并作用于姿态的病理化结果；也更能明晓本雅明将卡夫卡的体验与公众濒临大规模灭绝时的体验并置起来的原因，因为在卡夫卡的作品中，"个体的姿态不再是他自己的；它们是向他再现动作的另一个人的姿态"①。

作为微观城市的火车站，起点成了终点，形成姿态的过程也是丧失姿态的过程。克拉里认为："正当技术文化内的专注知觉持续不断地获得自动化形式的历史时刻，被认定为'自动'的人类行为模式却被判定为具有病理性和社会危险性……其中'心智器官'的最高活动出现缺失……包括'记忆、情感、推理和自主行为'。"②姿态的丧失与城市日渐从人工化到半军事化的演变不无关系，火车正是技术城市无所不在的自动化缩影。只有在此城市的历史发展阶段中，我们才能领会从波德莱尔对会分身的老人的震惊到奥斯特利茨对城市的预感之间时有显露的惴惴不安，也再次看到了梅尔维尔

---

① Guy Debord, *The Society of Spectacle*, trans. Ken Knabb, Berkeley: Bureau of Public Secrets, 2014, p. 11. 吉登斯写道："这里发生的，是身体管理的细微方面同现代性的某些最普遍特性的明显联系。"［英］安东尼·吉登斯：《现代性的后果》，田禾译，译林出版社 2000 年版，第 71 页。

② Jonathan Crary, *Suspensions of Perception: Attention, Spectacle, and Modern Culture*, Massachusetts: The MIT Press, 2001, pp. 147 - 148.

笔下雇员的病理性姿态具有的预言效果，以及为何在品钦与罗斯的作品中城市总有一种"感染"性的原因，后者在《美国牧歌》中有一段利沃弗童年随父亲经过兴起中的城市时体验到的眩晕，"有一种被它拥抱和报之以拥抱它的欲求"①。

　　病理化的姿态现象既说明了外部性情感无处安放这一事实，也说明了随着外部性情感的降解，姿态本身会越发丧失控制力的普遍境遇，乃至最终出现"姿态的疏离"② 这种不可控事件。爱伦·坡笔下那个漫无目的的老人为何带着一把看似无用的短剑，波德莱尔为何总在人群中看到撒旦的踪迹，拉斯克尔尼科夫为何又奇怪地杀死他人，一直到麦克尤恩，艾米斯以及贝娄、罗斯与德里罗的城市小说？阿甘本说道："对于已经完全丧失自然感知的人类而言，每一单个姿态都成为一种命数。越多的姿态愈是在不可见权力的施为下丧失其安然，越多的生命则愈是变得不可辨明。"③ 为了更好地理解这一点，陀思妥耶夫斯基1864年出版的《地下室手记》中在涅瓦大街上的叙述者，就为我们展现了在城市中姿态的这种矩阵过程。了无方向而经常游荡于城市的叙述者因挡了一位军官的道而竟被后者目中无人地挪开，支支吾吾地整整过去了多年，直到叙述者走上涅瓦大街这个城市力场的中心，试图通过坚决不给军官让路的姿态来完成他的复仇计划。事情因为涅瓦大街而进入了更深一层的进退两难境地；涅瓦大街是城市暴露不同身份之人的交汇处，也是城市收拢所有目光的集结处，这是一处动静难分的区域，是城市力场不同的小漩涡。要么是维持住那永远无法填平的与军官之间仅有的两俄寸距离，要么是不可节制地突然出击，叙述者的姿态无法像

① Philip Roth, *American Pastoral*, New York: Vintage Books, 1998, p. 220.

② Giorgio Agamben, *Potentialities*: *Collected Essays in Philosophy*, trans. Daniel Heller-Roazen, Stanford: Stanford University Press, 1999, p. 83.

③ Giorgio Agamben, *Means without End*: *Notes on Politics*, trans. Binetti and Casarino, Minneapolis: University of Minnesota Press, 2000. p. 53.

他自己希望的那样能够恰到好处地擦肩而过，而是处在时刻将要四分五裂难以预料的可能性中。[①]

作为城市中心的涅瓦大街是加速事件升级的区域，仿佛有一种复魅在那里发生，它成了既吸引又排斥叙述者这只飞蛾的火焰，一种在让与不让之间难解难分的距离的冒险；物理上，两俄寸的距离可随时填平，情感上，两俄寸的距离则是一段会自身无限延长的两俄寸。即使如同叙述者那样难以预料地与军官撞到一起，这一距离非但没有被克服，反而越加赤裸地向叙述者投去了它的鬼脸。仿佛被套上了一副看不见的舒适的枷锁，姿态在寸步难行与横冲直撞间裂变着。这一点一直延续到《美国牧歌》中总要确保"万无一失"的运动明星利沃弗的人生故事。他那被定格在叙述者冉克曼心中即使陷于敌方多人包夹而依旧从容不迫的美国田园姿态，很难说没有被他亲眼看见的纽瓦克撞碎。纽瓦克只是美国城市的一个缩影，人们如同那些在纽瓦克街道上以极快速度不断转圈的盗车贼，其盗车的目的只是为了玩转圈游戏而从不顾及撞死了谁。在这一距离的冒险中，冒险者与犯罪者的距离也在逐渐缩小。

"将威胁性的未来转化为已实现的'当下'"[②]，是城市文学为何频繁周转于情感与姿态的关系形式中的原因，因为确如卡夫卡所言："作家的任务是把孤立的非永生的东西导入无限的生活，把偶然导入规律。他要完成的是预言性任务。"[③] 与外部连通的情感愈是受到四面八方的抑制，身体的姿态则愈是难以预料。索尔·贝娄后

---

① 参见 Robert Park，"The City：Suggestions for the Investigation of Human Behavior in the Urban Environment"，in Richard Sennett ed. *Classic Essays on the Culture of Cities*，New York：Meredith Corporation，1969，p. 126. 此外，列斐伏尔与哈维从分析资本主义的商品逻辑如何将地理空间物化为商品从而远离自然并进而使人与周遭环境发生"争斗"的过程，指出了其中隐藏的必然风险。

② Walter Benjamin，*One-Way Street*，trans. Edmund Jephcott，Massachusetts：The Belknap Press of Harvard University Press，2016，p. 88.

③ ［奥］卡夫卡著，［捷］古斯塔夫·雅诺施记述:《卡夫卡谈话录》，赵登荣译，漓江出版社2014年版，第57页。

现代作品中被城市力场左右的赫索格，为何也如同早期现代作品《地下室手记》里的叙述者写了许多信件而没有发出，这种引而不发的窘迫与赫索格最终要拿起手枪之间，依然是那无法回避的"两俄寸"距离。距离的冒险在此应该被颠倒过来，不再是去填平这一距离，而是把距离从难以预料的欲望的假象中解救出来，让其展露出真理所固有的难以被穷尽的外部性。这一点，也正是我们接下来将要在城市文学中考察的问题。

第三节 复归：从彼此疏离到作为共一显的情感

根据此前本雅明的启示，情感的血肉终要回落到"姿态"这一骨架上。在早期现代城市文学中，爱伦·坡笔下在广场上绕圈子的老人为何要以"绕圈子"的方式回到起点，陀思妥耶夫斯基笔下的叙述者为何又围绕着神秘莫测的"两俄寸"，K 为何围绕着城堡但无法进入城堡？而在后现代城市文学中，奥斯特利茨为何围绕着城市建筑史，品钦的俄迪帕为何又围绕着城市"地下邮政系统"？实质上，出现在城市文学中的这一带有普遍预兆的姿态，是欧·亨利"使方成圆"的东西。情感的外部连续性的丧失，反过来是姿态的强迫性重复，失落的不是将情感与姿态弥合起来的中间项，也不是不可控事件的出现，而是"被昭示的事物未能实现的征兆"，因为本雅明继续言道："每种消极都有其价值，它是勾勒生机和积极的因素的背景。"①

在城市力场的距离冒险中，姿态与情感彼此分离，各行其是，以致最终出现了从病理化的姿态向难以预料的姿态演化的过程。然

---

① ［德］瓦尔特·本雅明：《〈拱廊计划〉之 N：知识论，进步论》，载汪民安主编《生产》（第 1 辑），广西师范大学出版社 2004 年版，第 311 页。

而也是在这一分裂的间隙,文学让一种无法被分离的东西显露了出来从而复原了真实的距离。因为感到被妻子与情夫所骗,贝娄笔下的赫索格糊里糊涂地到了芝加哥,似是而非地拿起手枪,至于是否真的要杀死前妻马德琳与情夫格斯贝奇从而夺回女儿琼妮,赫索格的姿态依旧仿佛被扣押在了传送带上而左右为难。贝娄在处理赫索格这一神志不清的心理境遇时,是借助公路这一城市力场的微观意象展开的。其巧妙的地方在于,公路既能为赫索格急于杀死前妻与情夫进而救回女儿提供一种乌托邦般的心理能量,也能为赫索格必须学会自制从而减慢车速确立一种法条式威慑。城市公路所引发的心理矩阵,也说明贝娄为何削减叙事情节,且采用大量的心灵私语来呈现赫索格。因为对一个久居城市的匿名者而言,在离解性的整合中是没有人生故事的,有的只是凌乱不堪的独白。也因此,读者又会看到,被城市力场不断分层的赫索格,又是一个不断寻找联系的人,他要杀死格斯贝奇的原因,竟然是格斯贝奇"根本就不是一个人,而是一片碎片,一片从群众中碎裂下来的碎片而已"[1]。因此,在既想加速又要减速的城市公路上,作者描述道:"他身上的生命之弦拉得紧紧的,它在疯狂地颤抖。"[2]

在终于来到他曾与马德琳和女儿共同居住的地方后,当他时刻绷紧的弦成为时刻瞄准的手枪时,赫索格却看到格斯贝奇正为浴盆里有着闪亮小身体的女儿洗澡,想要瞄准的对象在格斯贝奇细心地为女儿洗澡的姿态中滑落了。这一姿态是试图与即将铸成大错的赫索格沟通的"外部"。这种沟通是通过解除赫索格的自我,把他从欲望的假象中解救出来,并置放到正确的位置上的情感过程。为女儿洗澡的姿态在赫索格心里引发的转折,实际上就是南希所说的

---

① [美] 索尔·贝娄:《赫索格》,宋兆霖译,上海译文出版社 2011 年版,第 305 页。
② [美] 索尔·贝娄:《赫索格》,宋兆霖译,上海译文出版社 2011 年版,第 300 页。

"共通体的分享"。这一"让我们每个人都被展露给对我们自身来说的我们之所是的外部"[①]，使得赫索格"让"出位置。格斯贝奇、女儿以及赫索格三者之间，被这一姿态"间隔起来，这种分享使他们成为他者：彼此相依"[②]，并进而趋近到不能被城市力场捕获的"在他者面前并与他者一起不间断发生共—显的边缘位置"[③]。诚如南希所言，"共—显属于更为本原的层次。它并不自我创立，并不自我安置，它并不出现于已经被给予的主体（对象）中间。它包括这样的之间（entre）的问世：你和我（我们之间）——在这个结构式里的'和'并没有并列之义，而是外展之义"[④]。简言之，本被城市力场左右且即将出现无法预料的姿态的赫索格，被格斯贝奇为女儿洗澡的姿态外展为"共—通—体"。

　　时隔三十多年后，赫索格对城市的不解，也转移到了《美国牧歌》中那个用炸弹炸死四个人的利沃弗的女儿身上。正如赫索格离开格斯贝奇与女儿之后重又感觉到的那样，在芝加哥，他如同那些中西部的街道一样再次陷入了一种"缺乏焦点"的心灵危机，用他的话说是"缺乏一种形成力量"[⑤]。同样，在很小的时候就会说"寂寞"这个词语且开始结巴的玛丽，后来却只有在制作炸弹的时候才能集中心神，言语流畅。罗斯在让叙述者冉克曼试图重构这一悲剧事件的过程中，将玛丽的成长与利沃弗继承其父亲的手套计件

---

① ［法］让－吕克·南希：《无用的共通体》，郭建玲等译，河南大学出版社2015年版，第78页。

② ［法］让－吕克·南希：《无用的共通体》，郭建玲等译，河南大学出版社2015年版，第57页。

③ ［法］让－吕克·南希：《无用的共通体》，郭建玲等译，河南大学出版社2015年版，第79页。值得注意的是，中文本翻译"共—显"时所用的连字符"—"仿效了Com-pearance的英文翻译。连字符的使用是为了更准确地传达南希思考的既非为主体也非为客体所占据的不断位移的位置之含义。

④ ［法］让－吕克·南希：《无用的共通体》，郭建玲等译，河南大学出版社2015年版，第68页。

⑤ ［美］索尔·贝娄：《赫索格》，宋兆霖译，上海译文出版社2011年版，第306页。

工厂的历史并置在一起，而后者又是整个纽瓦克城市发展史的缩影。手套越是精确计算、越是称手，玛丽的结巴就越严重。手套中隐藏的宽度越是分毫不差，玛丽制作炸弹时的专注力就越是难以动摇。这种安排不是意在建立一种明确可靠的因果关联，而是在玛丽的成长与城市的发展"之间"，让一种飘忽不定的预兆性关系自为地显露出来。在这个意义上，利沃弗殚精竭虑要去保全一切的"伟大姿态"，即马克思·韦伯所分析的含有神学伦理意味的资本主义"天职"的背面，实际上就是竭尽全力把一双小小的手套宽度的误差减至到毫厘的姿态，一种"苦行主义的资本积累"①。一双制作精良的手套反过来却成为束缚双手乃至制作炸弹的双手。利沃弗的这一姿态是真正意义上的不可控事物，成为寓言意义上真正的美国炸弹。

离解性整合进程中的城市越是不可阻挡地发展下去，失控的东西也就会越发不可阻挡地骤然出现，当朋友向利沃弗讲述炸药公司与采矿和铁路的关联时，暗示出的也是源于炸弹又结束于炸弹的城市姿态所隐含的恶性循环。如同炸弹的离解性城市是要炸开阻挡物进而占据被炸后留出的空间，然而直到冉克曼叙述的结尾，女儿玛丽这片哑口的空间，这一如秘密一般的"外部"，依然没有被炸开或掏空。相反的是，一如巴特尔比，女儿的哑口到甚至成为耆那教徒后不与水接触的整个削减自我的姿态，却是让出空间的寓言性姿态。在这一悲剧性过程中，作为真正意义上无法被炸除的外部，却使得玛丽结巴的心灵冰期出现消融，且自为地流动了起来。原本废弃于城市边缘的幽闭狭小的房间对利沃弗而言，竟也流动着一种恐怖的既难以觉察又无法被占有的崇高。玛丽是让城市力场丧失功效的安提戈涅，而如赫拉克勒斯一般要守住城市的利沃弗，却在错位

---

① 参见［德］韩炳哲《精神政治学》，关玉红译，中信出版社 2019 年版，第 60 页。

中"受难"。受难是因为"存在从来都不是单独的我，而总是我和我的同类"①，我被我的同类带向界限。利沃弗被玛丽外展为"共—通—体"的这一"共—显"，正是对无地可依的城市的质询。南希所言的这种"错位和质询，即把自己揭示为在—共通—之中—存在的构成要素"②，不仅说明了玛丽的姿态已是接通外部的情感，而且也说明了情感的外部性，就是重新匡正"我们是同类"的这一无法撼动的姿态。

本雅明认为，如画家克利一样，"卡夫卡生活在一个有待补充的世界"③。因为二者的作品都显示出孤子和无处可去的征兆。从巴特尔比到玛丽，为了补充城市造成的这种无人状态，他们悲剧性地都以一种带有自我惩罚性质的"让出"作出应答。在城市文学中，姿态的扭变会有向外部辐射的不可控事物的出现，但与此同时，正如从卡夫卡的饥饿艺术家到巴特尔比与玛丽，一种向内转的自我暂停的倾向，却在牵制着这种不可控事物的出现。这一倾向到了新千年唐·德里罗的《大都会》形成了一种贯穿始终的谱系现象。将整个世界经济玩弄于股掌之上的埃瑞克·帕克，乘坐既防暴又隔音的加长版豪华白色轿车穿越市区，但这一看似铜墙铁壁的"穿越"，随着时代广场上一个人的自焚而出现拐点。自焚事件发生后留下了一种难以命名的事后性，所有人仿佛都被这一事件传染，被裹入一种神秘莫测的"共—通"的停顿，埃瑞克感到，"市场并非全部。市场不能拥有这个自焚者，也不能吸纳他的行为"④。埃瑞克仿佛被

---

① 转引自［法］让－吕克·南希《无用的共通体》，郭建玲等译，河南大学出版社 2015 年版，第 76 页。

② ［法］让－吕克·南希：《无用的共通体》，郭建玲等译，河南大学出版社 2015 年版，第 66 页。

③ W. Jennings ed. , *Selected Writings*, Vol. 3, trans. Jephcott, et al. , Massachusetts：The Belknap Press of Harvard University Press，2006，p. 326.

④ Don DeLillo, *Cosmopolis*, London：Scribner，2003，p. 42.

唤醒了，随后他的姿态急转直下直到最终宁愿被他解雇的雇员理查德·施茨杀死。表面上看是埃瑞克急转直下的姿态，实际上却是让某种事物浮现的姿态，即通过悲剧性地摧毁他这只藏在轿车里的市场无形之手，而为城市中无家可归的他者让出位置。这种力图要自己消失的悲剧性姿态，实际就是让难以被城市离解的大于自身的外部出场的姿态。"一个人如何被吸引恰恰就是他如何被忽视"①，这是一种总让埃瑞克失眠，并且总以一种"共一显"的方式而到时的情感②，是真正引他飞蛾扑火的原因。

　　原初意义上的城市"不是一块属地，而是形成绽出的非实在场域，正如绽出的形式反过来是共通体的形式"③。南希翻转了海德格尔，"绽出"即是如坐针毡。因此，这样一个总在移位中的异城市，就是一个先会哀悼的城市，如弗洛伊德试图从毁灭的庞贝古城，复原格拉迪瓦的步态那样，而不是一个试图将死亡隔离公众世界以致患了洁癖的城市。④　只有先会哀悼，才会有德里达意义上的"好客"。也只有这样，我们才能明白欧·亨利的《使圆成方》中冰释前嫌的结尾，即山姆所以有与敌手握手相和的姿态，实际就是被昭示的外部事物，要实现自身的意愿⑤，也即情感的血肉终要回落到姿态上的这一"使方成圆"的"共一显"过程。被昭示事物的实现并不是要去完成一个姿态，仿佛这个姿态在被完成的一刻就耗尽

---

①　［法］米歇尔·福柯著，汪民安编:《声名狼藉者的生活》，北京大学出版社2015年版，第149、163页。

②　正如南希的分析，小说中埃瑞克的这种难以说清的"知道""必须以独一性的情感的联系，以'同类'的检验为前提"。参见［法］让－吕克·南希《无用的共通体》，郭建玲等译，河南大学出版社2015年版，第79页。

③　［法］让－吕克·南希:《无用的共通体》，郭建玲等译，河南大学出版社2015年版，第57页。

④　Michel de Certeau, *The Practice of Everyday Life*, trans. Steven Rendall, Berkeley: University of California Press, 1988, p. 94.

⑤　Jacques Derrida, *The Politics of Friendship*, trans. George Collins, London: Verso, 1997, p. 128.

了自身，相反，姿态总处在未完成中，总有一种外部性情感牵引着它，在拥抱中，"我"拥抱的是多出"我"的事物；这一总也无法完结的姿态，让一种谁也无法占有的"共存性"情感绽露出来。进一步言之，源于外部的情感已是分享和沟通，"只有因其不能占据最高位置时才会被称为情感"①，所以，情感总以退却的方式而让出一片无法被征用的共存性空地。欧美城市文学所表征出的这一源于外部的普遍性潜在姿态，是要把流离失所的人重新扶正的无所不在的情感。如同波德莱尔所认知的"太阳"，它是扶起一切但自身不被扶起的外部。城市文学延续了自波德莱尔以来的这一使命，而波德莱尔的诗作因源于无处可去的城市，就更为加深了南希所言的文学的"共产主义"所意指的东西，即"位置的共享"②。

---

① Walter Benjamin, *The Origin of German Tragic Drama*, trans. John Osborne, London：Verso, 1998, p. 139.

② ［法］让－吕克·南希：《无用的共通体》，郭建玲等译，河南大学出版社 2015 年版，第 171 页。

结　语

批评与作为醒觉的生命形式

　　文学批评始终是一种阐释活动，它所面对的对象也始终是生命。文学批评阐释活动的特殊性，也在于它始终与生命"现象性"的自我开显相交织。正如我们在正文中的阐释工作所示，文学批评通过盘活以文本为中心的纷繁材料间所存在的潜在关系形式，而让被遮蔽的生命信息得以涌现。换言之，作为阐释活动的文学批评，是对生命阐释权归属的正本清源，而它所要驳斥的对象，也是同样为生命进行赋义的生命政治。

　　从福柯的治思路径看，生命政治的出现，实际就是一种赋予生命解释框架的阐释活动，且这一阐释活动从神权时代就已经形成了一种规范化的政治效果。基督教作为一种叙事模式的合法性，与其能够不断为赤裸生命进行赋义的叙事活动密切相关，且在福柯看来这一叙事模式通过一种对"罪"的持续不断的辨认，而为这一赤裸生命注入了一种吊诡的"激情"，犹如一滴颜料落入水杯的泛滥化效果。神权时代结束出现的"现代性"，则依然源于人要为自身立法的内在冲动，也就是哈贝马斯所言的自我确证的要求。但这一要为自身立法的内在冲动之构成，又来自一种对福柯所言的有着诸多面具的疯癫的持续性排斥。换言之，从文艺复兴到宗教改革，再到启蒙运动，被剥除了任何伦理整体性的现代性，有着一种激进化的求真面向，也即进入由笛卡尔开启的以不断自我怀疑而为自身赋意的自我解释的历史进程。在这一历史进程中，神义论并没有退出观念论或意识形态历史的舞台，而是以隐蔽的方式重新戴上了理性的面具。过度的理性依然与疯癫有着难解难分的关系，而疯癫也如巴特认为只是理性与非理性相结合时产生的"效应"。作为文学现代性的起点，莎士比亚的戏剧捕捉到了这一过渡期的心灵所具有的诸多色调，并借助疯癫与生命间的显影关系，预示了未来的文学与作为外部化的生命现象性之间所存在的休戚与共的关联。泰勒将笛卡尔的理性主义命名为"分解式理性"，这一看似求真的观念形态，实际在另一个侧面扮演的是撤销生命自我开显的"现象性"过程。莱维回忆录中的集中营，就是这一分解生命现象性的最终场所。借用瓦莱里的话说就是，"有利于思想向着深刻、精微、完美、强大而美妙的方向发展的条件已经消失了"①，因为被去除的生命的"现象性"是这一切的源头活水。

如果暂不讨论求真的现代性的积极面，那么现代性导致的一个问题，就是谢林所言"它不可避免要自己关注自己，因为只有当它成为自己的客体，它才是主体"②的悖论化门槛。谢林思考的这一徘徊在无与有之间争执不休的"不和谐"生命，呈现出的则是一种永远无法明晓自身的拟像状态，并为福柯后来思考的不断审问自身生命合法性的理性—权力的介入和阿甘本思考的溢出自身又作用于自身的门槛，提供了无限的展演空间。这一求真的激进化历史进程与让对象感到恐惧进而无法自由运用自身情感权利的情感治理密切相关，代理人与巴特尔比的关系，与此密切相关。如果说激进化的求真是一种真理行为的话，那么这一激进化过程中所导致的诸多宏

① ［法］保罗·瓦莱里：《文艺杂谈》，段映虹译，生活·读书·新知三联书店 2017 年版，第 262 页。

② ［德］F. W. J. 谢林：《近代哲学史》，先刚译，北京大学出版社 2016 年版，第 119 页。

观与微观的历史灾异，又在于摒弃了真实。对我们而言，真实指向的就是生命"现象性"施演自身的过程。它不同于求真的认知行为，而是一种德曼所言的"过度认知"，"永不可能知道自己产生的过程（这是唯一值得知道之物）"①。换言之，真实可以突破真理自身由以构成自身的强制性解释框架，因为这一解释框架也是对生命现象性进行收编、征用和治理的过程，是一种不断叠加自身和增殖自身的权力的效果史过程。作为阐释的文学批评的"当下性"，就是重新让生命现象性获得"呼吸"，让外部情感获得其施演自身的权利，从而为诸多社会议题，提供一个更为稳靠和活性的地基。

"我们显然处于这样一个时代：我们并不是牢牢地固定在我们的立足之处；事物在我们的周围运动着；我们本身也在运动着。而告诉我们，或者至少猜测一下，我们正在走向何方，这难道不是评论家的职责吗?"②对我们而言，文学批评的"当下性"，实际就是展露未被展露之物的过程，是通过让桑塔格所言的不安的力量，或本雅明思考的"活的东西"自显出来的过程，来应答伍尔夫所言的走向何方的问题。从莎士比亚到欧美城市文学，我们既看到了生命政治自身从初期到激进期再到弥散化的历史演化过程，也看到了在这一过程中从作家笔端显露的无法被生命政治捕获的生命"现象性"。也因此，文学批评的"当下性"就指向了两个层面。一个是文学史层面，指的是从莎士比亚到欧美城市文学中无所不在的生命政治。其中，生命因始终处在被征用的过程，而出现了去生命的问题。另一个是从莎士比亚到欧美城市文学中无所不在的生命现象性。其中，生命的"现象性"是以一种醒觉化的形式扣留住了即将

① 参见［美］J. 希利斯·米勒《文学死了吗》，秦立彦译，广西师范大学出版社 2007 年版，第 162 页。

② ［英］弗吉尼亚·伍尔夫：《论小说与小说家》，瞿世镜译，上海译文出版社 2009 年版，第 315 页。

被生命政治分解的生命。批评就是通过勾勒醒觉中的这一无所不在的生命"现象性",而让无所不在的生命政治失效的过程。①

黑格尔分析莎士比亚的《哈姆雷特》时所说的"有限事物所立足的沙滩并不能使他满意……在死神还没有袭击他以前,内心的厌倦就早已把他撕得粉碎了"②,难道不适用于包括理查三世、麦克白和李尔王等戏剧人物吗?然而这些人物陷于门槛的"戏剧性",又是与其生命现象性紧密地缠绕在一起的。他们的厌倦③,也同时是生命醒觉的微弱时刻,是"将某种未思之物置入了思想自身之中"④的外部性时刻;让代理人和雇员深感恐惧的巴特尔比的"动物性",是在"对未知的认知"过程中所自显的生命现象性,而恐惧所以有传染性,是因为巴特尔比的"动物性"在唤醒代理人和雇员,在将他们带向外部⑤;陷入纳粹集中营的莱维并没有放弃见证受难者的努力,其充溢着知性能量的智性活动和力透纸背的肉身意识,所以能够见证不可见,就在于二者都被一种醒觉中的生命现象性所灌注。这是一种被外部所牵拉从而勾勒无所不在的生命现象性的过程;塞巴尔德四部曲中的相片物质性,之所以能够生产一种稀缺性的"有",是因为与作为无中生有的生命现象性相关。这一点既是以醒觉的方式触发记忆的过程,也是以外部的方式让生命保持在一种无法被简化的复杂性中,一种令主体受难的复杂性;欧美城

---

① 同样是依据这一批评逻辑,笔者在搭建整体的论文结构时也是分横轴与纵轴或共时与历时两个部分。共时的每一篇论文,本身都潜伏着从生命政治到外部情感的逻辑展示。历时的从门槛到见证再到外部情感,则从融汇文学史与思想史的维度展开对这一逻辑线的考察。

② [德]黑格尔:《美学》(第三卷),朱光潜译,商务印书馆1997年版,第328—329页。

③ 这一厌倦并非绝对消极之物,而是如阿尔托所言揭示了"为形式所无法触及的、脆弱而骚动的中心"。[法]安托南·阿尔托:《残酷戏剧:戏剧及其重影》,桂裕芳译,商务印书馆2014年版,第10页。

④ [法]吉尔·德勒兹:《差异与重复》,安靖、张子岳译,华东师范大学出版社2019年版,第298页。

⑤ 参见[法]莫里斯·布朗肖《无尽的谈话》,尉光吉译,南京大学出版社2016年版,第93—110页。

市文学中晦暗模糊的身体姿态，不仅与对感知学领域的改造相关，也与在这一改造过程中生命现象性濒临消亡有关。然而，也是这一稀薄的生命现象性，成为本雅明所言的"被昭示的事物未能实现的征兆"。这一作为醒觉的生命形式，最终则在与外部相连的"共一显"中，施演着难以穷尽的生命现象性。

"我们必须在言说被说出来之前，在先于言语却不停地伴随言语，并且没有它言语就不会说出任何东西的沉默的背景中考虑言语。"① 梅洛－庞蒂所言的这一沉默的背景，并非空无一物，而是不同于生命政治经济学的活力十足的生命现象性。批评就周转在文本的这一沉默的背景中，帮助人们"在自身发现一种人们并不知道自己已拥有的积极能力"② 的过程。由此看，批评活动实际与一种醒觉中的生命形式有关，换言之，批评面对研究对象并不是将其置立为对象的过程，而是进入对象内部并与对象同"呼吸"的过程，如阿甘本所言，"属于一部作品之作者的东西和可归于其阐释者的东西之间的差异，就变得具有本质性，同样也难以把握"③。在这一同呼吸的过程中，批评在还原生命困境的不明来源的同时，也在解构着这一来源。这是一种与外部游戏的参量化批评，因为生命"现象性"始终处在醒觉的过程中，无法被一目了然地固定下来。

阿甘本的思考可以为我们的这一思路提供进一步的佐证。阿甘本借助对福柯的"装置"（dispositif）的考察说明我们的存在被分为两大类，一种是"活生生的存在（或者说实体）"，是我们所言的生命"现象性"，另一种是"装置，活生生的存在不断陷于其

---

① ［法］莫里斯·梅洛－庞蒂：《世界的散文》，杨大春译，商务印书馆 2005 年版，第 49 页。

② ［法］阿兰·巴迪欧：《真实幸福的形而上学》，刘云虹译，南京大学出版社 2023 年版，第 73 页。

③ ［意］吉奥乔·阿甘本：《万物的签名：论方法》，"序言"，尉光吉译，中央编译出版社 2017 年版，第 2 页。

中", 是让生命现象性不断遭遇降解的以门槛方式运转的生命政治,
而在它们二者之间的则是主体——"我所谓的主体源自一种关系,
也可以说, 源自活生生的存在与装置之间的残酷斗争"①。对我们而
言, 批评就是对这一作为关系产物的主体进行正本清源的过程。这
一点所以成立, 是因为阿甘本所讨论的有着批评指向的"范式",
其实就是对主体进行批判的"装置"一词的另一种表达形式。② 简
言之, 这里就存在着某种在装置和范式之间近乎难以辨认的类似性
和有待辨认的真值问题。由于批评活动与批判活动都和规则相关,
所以我们以"规则"一词为例进行简明扼要的阐释。作为装置的门
槛所以能够施展其使主体去主体化的批判行为, 就依赖于一种模棱
两可性的规则, "从规则内部被排除出去的东西, 并不因为被排除
而与规则绝对无关。相反, 作为例外被排除的个案, 仍旧以规则之
悬置的形式而保持着它本身与规则之间的关系"③。这里存在着一种
虚假的对主体进行征用和裁决的外部性, 它生产的是一种神义论和
人义论合谋后面目全非的永动机, 在其中, 生命以不可见的方式被
剥夺了"呼吸"的权利, 走向日益稀薄的境遇。然而, 在推进与装
置相似的范式的思考过程中, 阿甘本指出, "范式意味着完全抛弃
那种作为逻辑推断之模型的'特殊/一般'之陪对。规则(如果这
里还能够谈论规则)既不是一种先于特殊情形并适用于它们的一般
性, 也不是某种由特殊情形的详尽列举所产生的东西"④。换言之,
阿甘本这时所指的让真值显现出来的范式, 是一种让外部介入的更

① 参见 [意] 吉奥乔·阿甘本《论友爱》, 刘耀辉、尉光吉译, 北京大学出版社 2017 年
版, 第 16—18 页。
② 参见 [意] 吉奥乔·阿甘本《万物的签名: 论方法》, 尉光吉译, 中央编译出版社 2017
年版, 第 14 页。
③ [意] 吉奥乔·阿甘本:《神圣人: 至高权力与赤裸生命》, 吴冠军译, 中央编译出版社
2016 年版, 第 25 页。
④ [意] 吉奥乔·阿甘本:《万物的签名: 论方法》, 尉光吉译, 中央编译出版社 2017 年
版, 第 19 页。

高的规则形式，主体在这里并没有被去主体化，而只是一种有其自治性的醒觉中的生命"现象性"。也因此，"在范式中，可理解性并不先于现象，它，可以说站在现象'边上'（para）"①。这就是一种与研究对象共"呼吸"的参量化外部批评。故而，文学批评的"当下性"研究，实际就是揭橥从莎士比亚到当代欧美城市文学中无法被生命政治所捕获的这一外部情感。

进入后疫情时代和数字世纪以来，有关生命的问题，再次成为人类学、社会学、政治哲学等诸多人文学科领域的核心议题。社会形态的变迁也是生命形态的变迁，二者在感知学上存在着千丝万缕的勾连性。也因此，我们最后要问的则是，经历前所未有的技术进步和视听变革之后的文学，与在数字世纪不断演变的数字化生命政治间的关系该如何理解？或者进一步说，文学批评在其中的作用是否发生了变化？对此，我们可以说，批评依然是针对具体对象而对其生命现象性的勾勒和提取过程。数字世纪是一个以注意力经济学为本质特征的时代，社会实体的构成方式及对其进行的解释框架，已脱离传统社会学约定俗成的诸多概念范畴。换言之，构成数字世纪的实体，在本体论层面是一个不断蔓延的虚拟化数字文本，主体弥散于其中。人的肉身五官已经偏离马克思的"人的五官是迄今为止全部世界的产物"的表述中对作为先在条件的肉身实体的承认，成为被过载的视频图像、算力迭代的人工智能、众多系统所编码和架构的虚拟五官，也是一种心灵整体性在溶解过程中的分心化五官。其中，与肉身化的物质性五官相连的生命现象性，在一个与活生生的物感世界割裂的虚拟世界中走向了一种非物质性。它所导致的后果不仅是与肉身五官关联于一身的体验品质的衰落，而且还是

---

① ［意］吉奥乔·阿甘本：《万物的签名：论方法》，尉光吉译，中央编译出版社 2017 年版，第 28 页。当然，马克思的《德意志意识形态》、海德格尔的《存在与时间》、福柯的《疯癫与文明》中潜伏的阐释学策略，实际都与这一范式的自由运用有关。

维利里奥思考的对日常生活经纬线进行无意识侵占的假肢和惰性。虽然本书没有涉及与数字世纪文学文本密切相关的批评案例，但从对塞巴尔德作品相片物质性与生命现象性、欧美城市文学中身体姿态与生命现象性间的关联性考察，我们可以推论出一种符合整体研究路径和历史演变规律的思考。在此前的分析中，我们已经指明相片感知场域与生命现象性、城市感知场域与生命现象性间存在的现象学意义上的关联性，说明了作为"媒介"的肉身物质性主体，始终是一种潜势化的生命姿态，一种去分心的生命姿态。换言之，生命"现象性"的开显，始终端赖于一种生命本有的物质性厚度，而且这一能够重构生命意义模式的物质性厚度，是以一种陌异化的方式参与到对生命体的建构活动中来。令理查三世的陌生的手，让代理人感到恐惧的巴特尔比的哑口姿态，莱维回忆录中引发道德知性和伦理紧迫性的肉身化处境，以及塞巴尔德作品中与相片物质性相融的肉身物质性，欧美城市场域中无法被校正的共—显中的肉身姿态，都是这一物质性厚度施演生命现象性的过程。

故而，批评所面对的文学文本，就不再是传统意义上的文本形态，而是数字世纪万物皆可文本化的事实。批评的使命，依然是要在一切事物都可被数字化的技术环境中勾勒无法被数字化的生命"现象性"。区别于神权封建社会与现代信息工业社会的生命政治，数字化生命政治对自我的使用方式进行了更为激进化的变革。作为肉身化的媒介主体，不断被导入漫无边际的虚拟数字文本，而且走向一种分身乏术和山穷水尽的生命境遇，成为一种与数字高清难以区分的抽象的微粒化存在。① 不再是福柯在《疯癫与文明》《规训与惩罚》，以及对安全机制与知识话语的考古学分析中指向的注意

① 参见［德］克里斯托夫·库克里克《微粒社会》，黄昆、夏柯译，中信出版社2017年版。

力塑造的问题。① 在这一数字化的反环境中，作为媒介的肉身物质性五官，被一种无主权者的匿名化数字环境所不断征用和消耗。其源于物质自然的生命感知场，也在经历数字化的重新注册和改造，这是一种新型的匿名化环境霸权与注意力塑造间关系的历史新形态。在数字环境对生命体的这种潜移默化的改造过程中，生命体的情感机制也在发生潜移默化的改变。它被去除了血肉之身，丧失了对生命完整性的原初经验。萨特分析文学时这样写道，"如果读者分心、疲乏、愚笨、漫不经心，他就会漏掉书里的大部分关系，他就不能使对象'着'起来（就像我们说火'着'了或'没着'那样）"②，这一观点依然确认了我们读取文本的过程，实际是在共享一个"活生生"的生命体的呼吸。借助萨特，梅洛－庞蒂在思考语言和肉身之间的关联时写道，语言是建立在"别的自我（alter ego）——现象，或者说共鸣（echo）现象的基础上；也就是说建立在肉身的一般性的基础上——使我发热的东西也使他发热；建立在同类对同类的神奇作用基础上"③。如果说数字环境造就的读者，是被去除了血肉厚度的走向分心、疲乏、漫不经心的病理学读者，那么流动的生命现象性与流体化的虚拟数字世纪之间，就依然存在着马克思思考的有关血肉现实的意识形态辩证法。

换言之，批评所要做的不仅包括重新定位文学的内涵和外延，

---

① 生命"现象性"的开显，也是一种生命注意力的重新获得，且这一生命注意力是一种溢出系统的外部化的自生成或自生产。福柯的批判更多指向的是生命注意力被知识权力所导向的视觉中心主义的政治暴力，在其中，生命自行分解。

② ［法］萨特：《萨特文论选》，施康强选译，人民文学出版社1991年版，第119页。或按巴尔特的思考是，"每当我们以足够含混的方式来写作以便让意义逃逸的时候，每当我们让世界有所意味那样去做而又说不出什么的时候，写作就会释放出一个问题，它就会动摇现存的东西，它在给世界以喘息：总之，文学不让人走动，而是让人呼吸"。参见［法］罗兰·巴尔特《文艺批评文集》，中国人民大学出版社2010年版，第319页。

③ ［法］莫里斯·梅洛－庞蒂：《世界的散文》，杨大春译，商务印书馆2005年版，第20页。

将包括人的肉身五官在内的物质世界与虚拟世界视为一个彼此交叠的文本①，而且还要借助自身与生命现象性同呼吸的阐释学范式，重新校准被数字文本这一无所不在但又有影无形的装置所不断去除其肉身媒介的生命注意力。也是在此思考语境中，我们要再次回到《德意志意识形态》中的那个起点，即"全部人类历史的第一个前提无疑是有生命的个人的存在"②。物质性的血肉即生命，即生命现象性开显的源初场域，也是外部情感涌现的源初场所或借其显影自身的媒介。梅洛－庞蒂所言的"铭刻在生活结构中的暧昧性和未完成性"③，是它在数字文本中有待解读的"痕迹"④。作为阐释的批评活动，对这一偶尔在数字文本中闪烁的外部化生命现象性进行保

① 诚如本雅明所言，"我们现在正处在一个文学形式剧烈融合的进程之中。在这个融合进程中，许多我们的思维所习惯的对立都可能失去它们的力量"。［德］瓦尔特·本雅明：《作为生产者的作者》，王炳钧、陈永国译，河南大学出版社 2014 年版，第 9—10 页。

② 中共中央马克思恩格斯列宁斯大林著作编译局：《德意志意识形态》，人民出版社 2022 年版，第 11 页。

③ ［法］莫里斯·梅洛－庞蒂：《知觉的世界：论哲学、文学与艺术》，江苏人民出版社 2019 年版，第 97 页。

④ 与此同时，我们还需要注意的是，在这一从传统文学形态转向以技术和数智为新媒介形式的文学形态的新的历史语境中，文学也从传统的艺术范畴转变为更为广阔的"书写"范畴。作为激活生命的文学这一传统媒介并未消亡，而是回归到本源。机车、电视、人工智能等都只是人类言说自身生命形态的另一种媒介方式。换言之，以技术和数智为新媒介形式的文学新形态，也是人类创造出的不以人的意志为转移的书写装置。它不仅依然是一种人类书写自身生命的行为，也反过来以一种非人格化的自主性编码改写着人类。也因此，这一智能体与生命体之间的争执关系，依然在回应着生命与技艺之关系的古老命题。海德格尔对技术与艺术间暧昧关系的思考，本雅明对摄影本身蕴含的超出机械维度的艺术特性的分析，麦克卢汉将莎士比亚与媒介现象关联在一起的洞见，巴什拉思考的"梦想与无线电"，德里达对《尤利西斯》与留声机关系的思索，德勒兹与加塔利对机器与文学关系的探索等，实际都预示了以技术和数智为新媒介形式的文学形态本身内含的书写生命"痕迹"的行为，且也与一种生命即媒介化的"剧场性"概念密切相关（ Samuel Weber, *Theatricality as Medium*, New York: Fordham University Press, 2004）。故而，我们不能将以技术和数智为新媒介形式的文学形态完全理解为与传统文学不同的负面形象，因为"这些方式构成了社会语言自身的一种新的物质实践——其跨越的序列范围从公开演讲和显示性表述，一直到'内在言语'和语汇思维"。（［英］雷蒙德·威廉斯：《马克思主义与文学》，王尔勃、周莉译，河南大学出版社 2008 年版，第 57 页）批评所要做的就是以一种现象学的科学态度，对这一书写行为中的生命"痕迹"进行辨认和提取，并同时在辨认和提取的过程中重新将无法被生命政治离解的生命"未知性"或外部情感，导入对剧变社会的整体考察中。

存。这是无法被数字化的生命，数字情感无法代替血肉情感，诚如巴特勒所言，"让我们面对这一事实：我们彼此影响。若非如此，我们必然错失了什么"①，而它所指的就是我们是彼此呼吸的生命气息，在其中"我即你，你即我"。

_____

① ［美］朱迪斯·巴特勒：《脆弱不安的生命——哀悼与暴力的力量》，何磊、赵英南译，河南大学出版社 2016 年版，第 34 页。

参考文献

译著

[英] A. S. 拜厄特:《论历史与故事》，黄少婷译，译林出版社 2016 年版。

[英] F. R. 利维斯:《伟大的传统》，袁伟译，生活·读书·新知三联书店 2009 年版。

[德] F. W. J. 谢林:《近代哲学史》，先刚译，北京大学出版社 2016 年版。

[德] W. G. 塞巴尔德:《自然之后:一部元素诗》，任昱璞译，广西师范大学出版社 2023 年版。

[法] 阿贝尔·加缪:《加缪全集·散文卷 II》，杨荣甲等译，上海译文出版社 2010 年版。

[匈] 阿格尼斯·赫勒:《脱节的时代:作为历史哲人的莎士比亚》，吴亚蓉译，华夏出版社 2020 年版。

[德] 阿莱达·阿斯曼:《回忆空间:文化记忆的形式和变迁》，潘璐译，北京大学出版社 2016 年版。

[法] 阿兰·巴迪欧:《真实幸福的形而上学》，刘云虹译，南京大学出版社 2023 年版。

[德] 埃里希·奥尔巴赫:《摹仿论》，吴麟绶、周新建等译，商务印书馆 2014 年版。

［德］埃德蒙德·胡塞尔：《欧洲科学的危机与超越论的现象学》，王炳文译，商务印书馆 2017 年版。

［德］埃德蒙德·胡塞尔：《生活世界现象学》，倪梁康、张廷国译，上海译文出版社 2016 年版。

［法］埃德加·莫兰：《方法：天然之天性》，吴鸿缈、冯学俊译，北京大学出版社 2002 年版。

［法］埃马纽埃尔·列维纳斯：《从存在到存在者》，吴蕙仪译，王恒校，江苏教育出版社 2006 年版。

［英］安东尼·吉登斯：《现代性的后果》，田禾译，译林出版社 2000 年版。

［英］安东尼·吉登斯：《现代性与自我认同：现代晚期的自我与社会》，赵旭东、方文译，生活·读书·新知三联书店 1998 年版。

［英］安妮·怀特海德：《创伤小说》，李敏译，河南大学出版社 2011 年版。

［法］安托南·阿尔托：《残酷戏剧：戏剧及其重影》，桂裕芳译，商务印书馆 2014 年版。

［法］保罗·瓦莱里：《文艺杂谈》，段映虹译，生活·读书·新知三联书店 2017 年版。

［法］保罗·维利里奥：《战争与电影：知觉的后勤学》，孟晖译，南京大学出版社 2011 年版。

［德］贝托尔特·布莱希特：《陌生化与中国戏剧》，张黎、丁扬钟等译，北京师范大学出版社 2015 年版。

［瑞士］彼得·哈夫纳：《将熟悉变为陌生：与齐格蒙特·鲍曼对谈》，王立秋译，南京大学出版社 2023 年版。

［英］伯纳德·威廉斯：《真理与真诚：谱系论》，徐向东译，上海译文出版社 2013 年版。

［德］尼采：《悲剧的诞生》，周国平译，译林出版社 2014 年版。

［德］尼采：《不合时宜的沉思》，李秋零译，华东师范大学出版社
　　2007 年版。

［德］尼采著，维茨巴赫编：《重估一切价值》（上卷），林笩译，
　　华东师范大学出版社 2013 年版。

［加］查尔斯·泰勒：《世俗时代》，张容南、盛韵等译，上海三联
　　书店 2016 年版。

［加］查尔斯·泰勒：《自我的根源：现代认同的形成》，韩震等译，
　　译林出版社 2001 年版。

陈永国编译：《游牧思想：吉尔·德勒兹、费利克斯·瓜塔里读
　　本》，吉林人民出版社 2011 年版。

［法］茨维坦·托多罗夫：《濒危的文学》，栾栋译，华东师范大学
　　出版社 2016 年版。

［古罗马］奥古斯丁：《忏悔录》，周士良译，商务印书馆 2014
　　年版。

［德］恩格斯著，中共中央马克思恩格斯列宁斯大林著作编译局编
　　译：《路德维希·费尔巴哈和德国古典哲学的终结》，人民出版社
　　2018 年版。

［法］菲利普·拉古－拉巴特、［法］让－吕克·南希：《文字的凭
　　据：对拉康的一个解读》，张洋译，漓江出版社 2016 年版。

［俄］费奥多尔·陀思妥耶夫斯基：《地下室手记：陀思妥耶夫斯基
　　中篇小说选》，臧仲伦、曾思艺等译，上海三联书店 2015 年版。

［英］弗吉尼亚·伍尔夫：《论小说与小说家》，瞿世镜译，上海译
　　文出版社 2009 年版。

［美］弗拉基米尔·纳博科夫：《说吧，记忆》，王家湘译，上海译
　　文出版社 2013 年版。

［德］歌德著，杨武能、刘硕良编：《歌德文集》（第十二卷），罗
　　悌伦译，河北教育出版社 1999 年版。

［美］格奥尔格·西美尔：《生命直观：形而上学四论》，刁承俊译，
　　北京师范大学出版社 2017 年版。

顾铮编译：《西方摄影文论选》（修订版），浙江摄影出版社 2007
　　年版。

［美］哈罗德·布鲁姆：《西方正典》，江宁康译，译林出版社 2005
　　年版。

［德］哈尔特穆特·罗萨：《加速：现代社会中时间结构的改变》，
　　董璐译，北京大学出版社 2015 年版。

［德］海德格尔：《存在与时间》，陈嘉映、王庆节译，商务印书馆
　　2016 年版。

［德］海德格尔：《路标》，孙周兴译，商务印书馆 2001 年版。

［美］海明威：《丧钟为谁而鸣》，刘春芳、李岩峰译，人民文学出
　　版社 2015 年版。

［德］韩炳哲：《精神政治学》，关玉红译，中信出版社 2019 年版。

［美］汉娜·阿伦特：《极权主义的起源》，林骧华译，生活·读
　　书·新知三联书店 2014 年版。

［美］汉娜·阿伦特：《人的境况》，王寅丽译，上海人民出版社
　　2009 年版。

［美］赫伯特·马尔库塞：《单向度的人：发达工业社会意识形态研
　　究》，刘继译，上海译文出版社 2007 年版。

［美］赫尔曼·梅尔维尔：《水手比利·巴德：梅尔维尔中短篇小说
　　精选》，陈晓霜译，新华出版社 2015 年版。

［德］黑格尔：《精神现象学》（下卷），贺麟、王玖兴译，商务印
　　书馆 2010 年版。

［德］黑格尔：《历史哲学》，王造时、谢诒征译，生活·读书·新
　　知三联书店 1957 年版。

［德］黑格尔：《美学》（第三卷），朱光潜译，商务印书馆 1997 年版。

［德］胡戈·弗里德里希:《现代诗歌的结构:19 世纪中期至 20 世纪中期的抒情诗》,李双志译,译林出版社 2010 年版。

［瑞士］霍拉斯·恩格道尔:《风格与幸福》,万之译,复旦大学出版社 2017 年版。

［丹麦］基尔克果:《恐惧与颤栗》,赵翔译,华夏出版社 2014 年版。

［英］吉尔伯特·赖尔:《心的概念》,徐大建译,商务印书馆 2005 年版。

［法］吉尔·德勒兹:《差异与重复》,安靖、张子岳译,华东师范大学出版社 2019 年版。

［法］吉尔·德勒兹、［法］菲利克斯·迦塔利:《什么是哲学》,张祖建译,湖南文艺出版社 2007 年版。

［法］吉尔·德勒兹:《〈荒岛〉及其他文本:文本与访谈(1953—1974)》,董树宝、胡新宇等译,南京大学出版社 2018 年版。

［法］吉尔·德勒兹:《批评与临床》,刘云虹、曹丹红译,南京大学出版社 2012 年版。

［意］吉奥乔·阿甘本:《渎神》,王立秋译,北京大学出版社 2017 年版。

［意］吉奥乔·阿甘本:《论友爱》,刘耀辉、尉光吉译,北京大学出版社 2017 年版。

［意］吉奥乔·阿甘本:《潜能》,王立秋、严和来译,漓江出版社 2014 年版。

［意］吉奥乔·阿甘本:《神圣人:至高权力与赤裸生命》,吴冠军译,中央编译出版社 2016 年版。

［意］吉奥乔·阿甘本:《剩余的时间——解读罗马书》,钱立卿译,吉林出版集团有限公司 2011 年版。

［意］吉奥乔·阿甘本:《万物的签名:论方法》,尉光吉译,中央

编译出版社 2017 年版。

［意］吉奥乔·阿甘本：《无目的的手段：政治学笔记》，赵文译，河南大学出版社 2015 年版。

［意］吉奥乔·阿甘本：《幼年与历史：经验的毁灭》，尹星译，河南大学出版社 2011 年版。

［瑞士］卡尔·巴特：《罗马书释义》，魏育青译，华东师范大学出版社 2005 年版。

［德］卡尔·洛维特：《从黑格尔到尼采：19 世纪思维中的革命性决裂》，李秋零译，生活·读书·新知三联书店 2006 年版。

［奥］卡夫卡著，［捷］古斯塔夫·雅诺施记述：《卡夫卡谈话录》，赵登荣译，漓江出版社 2014 年版。

［德］康德：《论优美感和崇高感》，何兆武译，商务印书馆 2020 年版。

［丹麦］克尔凯郭尔：《论反讽概念》，汤晨溪译，中国社会科学出版社 2005 年版。

［法］克莱特·索莱尔：《拉康派论情感》，吴张彰译，广西师范大学出版社 2023 年版。

［德］克里斯托夫·库克里克：《微粒社会》，黄昆、夏柯译，中信出版社 2017 年版。

［法］克洛德·穆沙：《谁，在我呼喊时：20 世纪的见证文学》，李金佳译，华东师范大学出版社 2015 年版。

［德］马克思·舍勒：《道德意识中的怨恨与羞感》，林克等译，北京师范大学出版社 2014 年版。

［斯洛文尼亚］斯拉沃热·齐泽克：《幻想的瘟疫》，胡雨谭、叶肖译，江苏人民出版社 2006 年版。

［斯洛文尼亚］斯拉沃热·齐泽克：《意识形态的崇高客体》，季广茂译，中央编译出版社 2001 年版。

［美］莱昂内尔·特里林:《知性乃道德职责》,严志军、张沫译,译林出版社 2011 年版。

［奥］赖内·马利亚·里尔克:《杜伊诺哀歌》,林克译,重庆大学出版社 2015 年版。

［法］罗兰·巴尔特:《如何共同生活——某些日常空间的故事性模拟法兰西学院授课讲义（1976—1977）》,怀宇译,中国人民大学出版社 2010 年版。

［法］罗兰·巴尔特:《文艺批评文集》,怀宇译,中国人民大学出版社 2010 年版。

［英］劳伦斯:《劳伦斯读书随笔》,陈庆勋译,上海三联书店 2000 年版。

［英］雷蒙·威廉斯:《现代悲剧》,丁尔苏译,译林出版社 2007 年版。

［美］希里斯·米勒:《共同体的焚毁:奥斯维辛前后的小说》,陈旭译,南京大学出版社 2019 年版。

［美］希里斯·米勒:《文学死了吗》,秦立彦译,广西师范大学出版社 2007 年版。

［古希腊］亚里士多德:《亚里士多德全集》（第二卷）,苗力田编,中国人民大学出版社 2016 年版。

［奥］卢卡奇:《小说理论》,燕宏远、李怀涛译,商务印书馆 2013 年版。

［美］玛莎·努斯鲍姆:《诗性正义:文学想象与公共生活》,丁晓东译,北京大学出版社 2010 年版。

［法］米歇尔·福柯:《安全、领土与人口》,钱翰、陈晓径译,上海人民出版社 2010 年版。

［法］米歇尔·福柯:《必须保卫社会》,钱翰译,上海人民出版社 1999 年版。

［法］米歇尔·福柯：《不正常的人》，钱翰译，上海人民出版社
　　2003 年版。

［法］米歇尔·福柯：《词与物：人文科学考古学》，莫伟民译，上
　　海三联书店 2002 年版。

［法］米歇尔·福柯：《主体性与真相》，张亘译，上海人民出版社
　　2018 年版。

［法］米歇尔·福柯著，汪民安编：《声名狼藉者的生活》，北京大
　　学出版社 2015 年版。

［法］米歇尔·福柯：《自我解释学的起源：福柯 1980 年在达特茅
　　斯学院的演讲》，潘培庆译，西南师范大学出版社 2018 年版。

［法］米歇尔·亨利：《走向生命的现象学：米歇尔·亨利访谈录》，
　　邓刚译，东方出版中心 2023 年版。

［法］米歇尔·德·蒙田：《蒙田随笔》，朱子仪译，上海人民出版
　　社 2011 年版。

［法］莫里斯·布朗肖：《来自别处的声音》，方琳琳译，南京大学
　　出版社 2016 年版。

［法］莫里斯·布朗肖：《未来之书》，赵苓岑译，南京大学出版社
　　2015 年版。

［法］莫里斯·布朗肖：《无尽的谈话》，尉光吉译，南京大学出版
　　社 2016 年版。

［法］莫里斯·布朗肖：《灾异的思想》，魏舒译，南京大学出版社
　　2016 年版。

［法］莫里斯·梅洛－庞蒂：《电影与新心理学》，方尔平译，商务
　　印书馆 2019 年版。

［法］莫里斯·梅洛－庞蒂：《世界的散文》，杨大春译，商务印书
　　馆 2005 年版。

［法］莫里斯·梅洛－庞蒂：《知觉的世界：论哲学、文学与艺术》，

江苏人民出版社 2019 年版。

［法］纳塔莉·沙鸥：《欲望的伦理：拉康思想引论》，郑天喆译，漓江出版社 2013 年版。

［法］皮埃尔·马舍雷：《从康吉莱姆到福柯：规范的力量》，刘冰菁译，重庆大学出版社 2016 年版。

［意］普里莫·莱维：《扳手》，杨晓琼译，中信出版社 2017 年版。

［意］普里莫·莱维：《被淹没的和被拯救的》，杨晨光译，上海三联书店 2013 年版。

［意］普里莫·莱维：《缓刑时刻》，谢小谢译，中信出版社 2018 年版。

［意］普里莫·莱维：《若非此时，何时?》，翁海贞译，外语教学与研究出版社 2015 年版。

［意］普里莫·莱维：《他人的行当》，徐迟译，中信出版社 2017 年版。

［意］普里莫·莱维：《元素周期表》，牟中原译，百花洲文艺出版社 2015 年版。

［意］普里莫·莱维：《再度觉醒》，杨晨光译，外语教学与研究出版社 2015 年版。

［意］普里莫·莱维：《这是不是个人》，沈萼梅译，人民文学出版社 2015 年版。

［英］齐格蒙·鲍曼：《现代性与大屠杀》，杨渝东、史建华译，译林出版社 2011 年版。

［法］乔治·巴塔耶：《内在经验》，程小牧译，生活·读书·新知三联书店 2017 年版。

［美］乔治·斯坦纳：《语言与沉默：论语言、文学与非人道》，李小均译，上海人民出版社 2013 年版。

［英］乔治·奥威尔：《政治与文学》，李村捧译，译林出版社 2011

年版。

［法］让－弗朗索瓦·利奥塔：《后现代性与公正游戏》，谈瀛洲译，
　　上海人民出版社1997年版。

［法］让－吕克·南希：《无用的共通体》，郭建玲等译，河南大学
　　出版社2015年版。

［法］让－伊夫·塔迪耶：《未知的湖：普鲁斯特与弗洛伊德之间的
　　秘密》，田庆生译，华东师范大学出版社2017年版。

［奥］让·埃默里：《罪与罚的彼岸：一个被施暴者的克难尝试》，
　　杨小刚译，鹭江出版社2018年版。

［法］萨特：《萨特文论选》，施康强选译，人民文学出版社1991
　　年版。

［英］莎士比亚：《亨利六世下篇》，载《莎士比亚全集》（第七
　　卷），章益、绿原译，人民文学出版社2009年版。

［英］莎士比亚：《理查三世》，载《莎士比亚全集》（第五卷），朱
　　生豪、方重译，人民文学出版社2009年版。

［意］圣托马斯·阿奎那：《神学大全》（第一册），高旭东、陈家
　　华译，碧岳学社1997年版。

［美］苏珊·桑塔格：《反对阐释》，程巍译，上海译文出版社2003
　　年版。

［美］索尔·贝娄：《赫索格》，宋兆霖译，上海译文出版社2011
　　年版。

［美］马泰·卡林内斯库：《现代性的五副面孔：现代主义、先锋
　　派、颓废、媚俗艺术、后现代主义》，顾爱彬、李瑞华译，商务
　　印书馆2002年版。

［英］托·斯·艾略特：《艾略特文学论文集》，李赋宁译，百花洲
　　文艺出版社1994年版。

［德］瓦尔特·本雅明：《发达资本主义时代的抒情诗人》，张旭东、

魏文生译，生活·读书·新知三联书店 2014 年版。

［德］瓦尔特·本雅明：《经验与贫乏》，王炳钧、杨劲译，百花文艺出版社 1999 年版。

［德］瓦尔特·本雅明：《摄影小史》，许绮玲、林志明译，广西师范大学出版社 2017 年版。

［德］瓦尔特·本雅明：《写作与救赎：本雅明文选》，李茂增、苏仲乐译，东方出版中心 2009 年版。

［德］瓦尔特·本雅明：《德意志悲苦剧的起源》，李双志、苏伟译，北京师范大学出版社 2015 年版。

［德］瓦尔特·本雅明著，陈永国、马海良编：《本雅明文集》，中国社会科学出版社 1999 年版。

［德］瓦尔特·本雅明：《作为生产者的作者》，王炳钧、陈永国译，河南大学出版社 2014 年版。

汪民安、郭晓彦主编：《生产》（第 7 辑），江苏人民出版社 2001 年版。

汪民安主编：《生产》（第 1 辑），广西师范大学出版社 2004 年版。

［德］威廉·狄尔泰：《体验与诗：莱辛·歌德·诺瓦利斯·荷尔德林》，胡其鼎译，生活·读书·新知三联书店 2003 年版。

［美］韦恩·布斯著、［美］约斯特编：《修辞的复兴：韦恩·布斯精粹》，穆雷等译，译林出版社 2009 年版。

［奥］西格蒙德·弗洛伊德著，车文博主编：《精神分析导论》，九州出版社 2014 年版。

［加］马歇尔·麦克卢汉：《理解媒介：论人的延伸》，何道宽译，译林出版社 2019 年版。

［法］雅克·拉康：《拉康选集》，褚孝泉译，上海三联书店 2001 年版。

［法］雅克·朗西埃：《历史之名：论知识的诗学》，魏德骥、杨淳

娴译，华东师范大学出版社 2016 年版。

［法］雅克·朗西埃：《审美无意识》，蓝江译，南京大学出版社
2020 年版。

［法］雅克·朗西埃：《图像的命运》，张新木、陆洵译，南京大学
出版社 2014 年版。

［法］雅克·德里达：《解构与思想的未来》（上册），杜小真译，
吉林人民出版社 2011 年版。

［法］雅克利娜·德·罗米伊：《古希腊思想中的柔和》，陈元译，
华东师范大学出版社 2016 年版。

［法］伊曼纽尔·列维纳斯：《另外于是，或在超过是其所是之处》，
伍晓明译，北京大学出版社 2019 年版。

［法］伊曼纽尔·列维纳斯：《总体与无限：论外在性》，朱刚译，
北京大学出版社 2016 年版。

［法］伊曼努尔·列维纳斯：《时间与他者》，王嘉军译，长江文艺
出版社 2020 年版。

［意］伊塔洛·卡尔维诺：《新千年文学备忘录》，黄灿然译，译林
出版社 2009 年版。

［法］于贝尔·达弥施：《落差：经受摄影的考察》，董强译，广西
师范大学出版社 2011 年版。

［美］于连·沃尔夫莱：《批评关键词：文学与文化理论》，陈永国
译，北京大学出版社 2015 年版。

［英］约翰·伯格：《讲故事的人》，翁海贞译，广西师范大学出版
社 2009 年版。

［英］约翰·伯格著，［英］杰夫·戴尔编：《理解一张照片：约
翰·伯格论摄影》，任悦译，中国美术学院出版社 2018 年版。

［美］朱迪斯·巴特勒：《脆弱不安的生命——哀悼与暴力的力量》，
何磊、赵英男译，河南大学出版社 2016 年版。

［美］朱迪斯·巴特勒：《权力的精神生活：服从的理论》，张生译，江苏人民出版社 2008 年版。

［美］朱迪斯·巴特勒：《战争的框架》，何磊译，河南大学出版社 2016 年版。

期刊论文

［德］阿多诺：《作为形式的论说文》，常培杰译，《外国美学》2017 年第 2 期。

［法］E. 莱维纳斯：《伦理学作为第一哲学》，朱刚译，《世界哲学》2008 年第 1 期。

张昊臣：《艺术跨界：美学的危机或生机——以朗西埃对利奥塔的批判为中心》，《文艺理论研究》2017 年第 5 期。

英文文献

Alan W. Bates, *Emblematic Monsters：Unnatural Conceptions and Deformed Births in Early Modern Europe*, Amsterdam and New York：Rodopi, 2005.

Andrew Moore, *Shakespeare Between Machiavelli and Hobbes：Dead Body Politics*, London：Lexington Books, 2016.

Alfred Döblin, *Berlin Alexanderplatz*, trans. Michael Hofmann, London：Penguin Classics, 2018.

Thomas Pynchon, *The Crying of Lot 49*, New York：The Penguin Press, 2012.

Berel Lang, *Holocaust Representation：Art within the Limits of History and Ethics*, The Johns Hopkins University Press, 2000.

Birgit Mara Kaiser, *Figures of Simplicity：Sensation and Thinking in Kleist and Melville*, New York：Suny Press, 2011.

Dominick LaCapra, *Writing History*, *Writing Trauma*, Johns Hopkins University Press, 2014.

Don DeLillo, *Cosmopolis*, London: Scribner, 2003.

Donald N. Levine ed. , *On Individuality and Social Forms*, Chicago: The University of Chicago Press, 1971.

Daniel M. Gross, *The Secret History of Emotion*: *From Aristotle's Rhetoric to Modern Brain Science*, Chicago: The University of Chicago Press, 2006.

David Harvey, *Consciousness and The Urban Experience*, Oxford: Basil Blackwell Ltd. , 1985.

David James, *Contemporary British Fiction and the Artistry of Space*: *Style*, *Landscape*, *Perception*, London: Continnum, 2008.

Deane Blackler, *Reading W. G. Sebald*: *Adventure and Disobedience*, New York: Camden House, 2007.

Eleanor Wachtel, "Ghost Hunter", in Lynne Sharon Schwartz, ed. , *The Emergence of Memory*: *Conversations with W. G. Sebald*, London: Seven Stories Press, 2007.

Ernst H. Kantorowicz, *The King's Two Bodies*: *A Study in Mediaeval Political Theology*, Princeton: Princeton University Press, 1981.

Erich Auerbach, *Mimesis*: *The Representation of Reality in Western Literature*, trans. Willard R. Trask, Princeton: Princeton University Press, 2003.

Francis Bacon, "Of Deformity", in *Essays*, Mozambook, 2001.

Franz Kafka, *The Castle*, trans. Anthea Bell, New York: Oxford University Press, 2009.

Giorgio Agamben, *Remannts of Auschwitz*: *The Witness and the Archive*, trans. Daniel Heller Roazen, Zone Books, 2012.

Giorgio Agamben, *The Open: Man and Animal*, trans. Kevin Attell, Standford: Standford University, 2004.

Giorgio Agamben, *The Sacrament of Language: An Archaeology of the Oath*, trans. Adam Kotsko, Standford: Standford University Press, 2011.

Giorgio Agamben, *Nudities*, trans. David Kishik and Stefan Pedatella, Standford: Standford University, 2011.

Giorgio Agamben, *Opus Dei: An Archeology of Duty*, trans. Adam Kotsko, Standford: Standford University Press, 2013.

Giorgio Agamben, *State of Exception*, trans. Kevin Attell, Chicago: The University of Chicago Press, 2005.

Giorgio Agamben, *The Highest Poverty: Monastic Rules and Form-of-Life*, trans. Adam Kotsko, Standford: Standford University Press, 2013.

Giorgio Agamben, *Homo Sacer: The Sovereign Power and Bare Life*, trans. Daniel Heller-Roazen, Standford: Standford University Press, 1998.

Giorgio Agamben, *The Coming Community*, trans. Michael Hardt, Minneapolis: University of Minnesota Press, 2007.

Giorgio Agamben, *The Use of Bodies*, trans. Adam Kotsko, Stanford: Stanford University Press, 2016.

Giorgio Agamben, *Means without End: Notes on Politics*, trans. Binetti and Casarino, Minneapolis: University of Minnesota Press, 2000.

Giorgio Agamben, *Potentialities: Collected Essays in Philosophy*, trans. Daniel Heller-Roazen, Stanford: Stanford University Press, 1999.

Giorgio Agamben, *Infancy and History: The Destruction and Experience*, trans. Liz Heron, New York: Verso, 1993.

Gilles Deleuze, *Francis Bacon: The Logic of Sensation*, trans. Daniel

W. Smith, New York: Continuum, 2003.

Gilles Deleuze, *Pure Immanence*: *Essays on a Life*, trans. Anne Boyman, New York: Zone Books, 2001.

Gregory Bistoen, *Trauma*, *Ethics and the Political Beyond PTSD*: *The Dislocations of the Real*, London: Palgrave Macmillan, 2016.

Guy Debord, The Society of Spectacle, trans. Ken Knabb, Berkeley: Bureau of Public Secrets, 2014.

Geoffrey H. Hartman, *The Longest Shadow*: *In the Aftermath of the Holocaust*, New York: Palgrave Macmillan, 2002.

Gerhard Richter, Afterness and the Image (I): Unsettling Photography, in *Afterness*: *Figures of Following in Modern Thought and Aesthetics*, New York: Columbia University Press, 2011.

Harold Bloom, *The Western Canon*: *The Books and School of The Ages*, Orlando: Harcourt Brace & Company, 1994.

Hochschild, A. R., *The Managed Heart*: *Commercialization of Human Feeling*, Berkeley: University of California Press, 1983.

Henri Lefebvre, *The Urban Revolution*, trans. Robert Bononno, Minneapolis: University of Minnesota Press, 2003.

Henri Lefebvre, *Writings on Cities*, trans. Eleonore Kofman and Elizabeth Lebas, Oxford: Blackwell Publishers, 1996.

Ian McEwan, *Black Dogs*, Canada: Vintage Canada, 1993.

Judith Butler, *Senses of the Subject*, New York: Fordham University Press, 2015.

Jacques Derrida, *The Politics of Friendship*, trans. George Collins, London: Verso, 1997.

Jean-Francois Lyotard, *The Inhuman*: *Reflections on Time*, trans. Geoffrey Bennington and Rachel Bowlby, Stanford: Stanford University

Press, 1991.

Jean-François Lyotard, *The Differend: Phrases in Dispute*, trans. Georges Van Den Abbeele, Oxford: Manchester University Press, 1988.

Jean-Luc Nancy, *The Birth to Presence*, trans. Brian Holmes and others, Stanford: Stanford University Press, 1993.

Jean-Luc Nancy, *The Gravity of Thought*, trans. François Raffoul and Gregory Recco, New Jersey: Humanities Press, 1997.

Jean-Luc Nancy, *The Ground of the Image*, trans. Jeff Fort, New York: Fordham University Press, 2005.

Jonathan Crary, *Suspensions of Perception: Attention, Spectacle, and Modern Culture*, Massachusetts: The MIT Press, 2001.

Kenneth Asher, *Literature, Ethics and the Emotions*, Cambridge: Cambridge University Press, 2017.

Lars Engle and Patrick Gray, eds., *Shakespeare and Montaigne*, Edinburgh: Edinburgh University Press, 2022.

Lawrence Langer, *New Reflections on Primo Levi: before and after Auschwitz*, Risa Sodi and Millicent Marcus, eds., New York: Palgrave Macmillan, 2011.

Michel Henry, *The Essence of Manifestation*, trans. Girard Etzkorn, Springer, 2008.

Michel de Certeau, *The Practice of Everyday Life*, trans. Steven Rendall, Berkeley: University of California Press, 1988.

Michel Foucault, *History of Madness*, trans. Jonathan Murphy and Jean Khalfa, London: Routledge, 2006.

Nina Howe ed., *A Voice Still Heard: Selected Essays of Irving Howe*, New Haven and London: Yale University Press, 2014.

Peter Brooks, *Psychoanalysis and Storytelling*, Cambridge, Massachusetts: Blackwell, 1994.

Philip Roth, *American Pastoral*, New York: Vintage Books, 1998.

Robert Park, "The City: Suggestions for the Investigation of Human Behavior in the Urban Environment", in Richard Sennett ed. *Classic Essays on the Culture of Cities*, New York: Meredith Corporation, 1969.

Roland Barthes, *Camera Lucida: Reflections on Photography*, trans. Richard Howard, New York: Hill and Wang, 1981.

Jacques Rancière, *Aesthetics and its discontents*, trans. Steven Corcoran, Cambridge: Polity Press, 2009.

Sam Magavern, *Primo Levi's Universe: A Writer's Journey*, New York: Palgrave Macmillan, 2009.

Samuel Weber, *Theatricality as Medium*, New York: Fordham University Press, 2004.

Sybille Krämer, *Medium, Messenger, Transmission: An Approach to Media Philosophy*, trans. Anthony Enns, Amsterdam: Amsterdam University Press, 2015.

Stephen Greenblatt, *Will in the World: How Shakespeare Became Shakespeare*, New York: W. W. Norton & Company, 2004.

Sujata Lyengar, ed, *Disability, Health, and Happiness in the Shakespearean Body*, New York and London: Routledge, 2014.

Susan Sontag, *On Photography*, New York: RosettaBooks, 2005.

Tony Judt, *Reappraisals: Reflections on the Forgotten Twentieth Century*, New York: The Penguin Press, 2008.

T. S. Eliot, *The Sacred Wood: Essays on Poetry and Criticism*, New York: Bartleby. COM, 1999.

Terry Eagleton, *Materialism*, New Haven: Yale University Press, 2016.

Walter Benjamin, *The Origin of German Tragic Drama*, trans. John Osborne, London: Verso, 1998.

Walter Benjamin, *One-Way Street*, trans. Edmund Jephcott, Massachusetts: The Belknap Press of Harvard University Press, 2016.

Marcus Bullock, ed. , *Selected Writings.* Vol 1. , trans. Rodney Livingstone et al. , Massachusetts: The Belknap Press of Harvard University Press, 2006.

W. Jennings ed. , *Selected Writings*, Vol. 3, trans. Jephcott, et al. , Massachusetts: The Belknap Press of Harvard University Press, 2006.

W. G. Sebald, *Vertigo*, trans. Michael Hulse, London: Vintage Books, 2002.

W. G. Sebald, *Austerlitz*, trans. Anthea Bell, London: Penguin Books, 2011.

W. G. Sebald, *The Emigrants*, trans. Michael Hulse, London: Vintage Books, 2002.

W. G. Sebald, *The Rings of Saturn*, trans. Michael Hulse, London: Vintage Books, 2002.

William Shakespeare, *King Henry VI*, Harmondsworth: Penguin, 1981.

William Shakespeare, *Richard III*, edited by Burton Raffel, New Haven and London: Yale University Press, 2008.

Willi Baumeister, *The Unknown in Art*, trans. Joann M. Skrypzak, Berlin: epubli GmbH, 2013.

Richard R. John, "The Lost World of Bartleby, the Ex-Officeholder: Variations on a Venerable Literary Form", in *New England Quartely*, Vol. 70, No. 4, 1997.

David Kuebrich, "Melville's Doctrine of Assumptions: The Hidden Ideology of Capitalist Production in 'Bartleby'", *New England Quartely*, Vol. 69, No. 3, 1996.

Geoffrey H. Hartman, "On Traumatic Knowledge and Literary Studies", *New Literary History*, Vol. 26, 1995.

Richard Lehan, "Urban Signs and Urban Literature: Literary Form and Historical Process", *New Literary History*, 1, 1986.

A Symposium on W. G. Sebald, *The Threepenny Review*, No. 89, 2002.

Robert Gordon, "'Per mia fortuna…': Irony and Ethics in Primo Levi's Writing", *The Modern Language Review*, Vol. 92, 1997.

Marianne Hirsch, "The Generation of Postmemory", *Poetics Today*, 29:1.

Patrick Colm Hogan, "Affect Studies", Oxford Research Encyclopedia of Literature, 31 August, 2016, available online at < https://oxfordre.com/literature/view/10.1093/acrefore/9780190201098.001.0001/acrefore-9780190201098-e-105 >

后　　记

　　感谢新疆维吾尔自治区"双一流"学科与科研平台"新时代文艺理论与文艺评论丛书"项目等专项经费对本书的资助支持，特别感谢本项目的总体负责人邹赞教授。本书能够顺利出版，离不开邹赞教授无私的解惑和帮助。同时感谢中国社会科学出版社编辑石志杭老师在本书编辑过程中提供的宝贵意见和支持。本书收录的六篇文章，是我从读博士到正式工作期间陆续写作和发表的研究成果。其中，《身体的两歧性——〈理查三世〉悲剧的神学源起》发表于《国外文学》2018 年第 4 期；《内部动物抑或外部动物：德勒兹与阿甘本论巴特尔比的奇异性》发表于《外语研究》2018 年第 4期；《见证与控制——评普里莫·莱维的"客观叙述"》发表于《国外文学》2020 年第 2 期；《从元素知觉论普里莫·莱维幸存回忆录中的肉身"即刻性"伦理》发表于《天府新论》2021 年第 6期；《从缺失的外部到共—显的姿态：欧美城市文学情感问题研究的另一种路径》，发表于《天府新论》2023 年第 1 期；《走向陌异化的情感——记忆：塞巴尔德作品的相片物质性考论》则发表于《天府新论》2024 年第 1 期。在此要特别感谢在此过程中期刊编辑老师对研究主题的认可以及辛苦的编审工作。在完成书稿的过程中，我对这部分已发表的论文主体思想又做了进一步的补充和完善。

之所以将这部分论文集结成书进行出版，也是因为当我重新回看分散的六篇文章时所发现的潜伏其中又勾连整体的一条思考主线，将其结集出版是对我进入研究工作以来第一段时期的总结，同时也能为后期的研究工作确立一个稳靠的起点。我相信研究主体的研究路径乃至可能形成的研究地图，是由潜在的问题构成的，这个问题必须处在尚不明确的"微光"之中，也因此，这个问题的潜在性就会牵引研究主体经历由点及面的思索过程，直到获得一种见微知著的思想历练。批评家韦勒克和沃伦很早就区分了文学的外部研究和文学的内部研究，该如何认知二者之间存在的关系，直到今天依然是文学批评所要面对的问题，希望本书是解答此问题的一次有益尝试，同时也是一个起点。

丁鹏飞

2024 年 5 月 27 日